图书在版编目（CIP）数据

读完本书你可能会成为一个话痨 / (英) 马克·福赛思著；盖梦丽译. — 北京：北京联合出版公司，2020.1（2024.3重印）
ISBN 978-7-5596-3731-4

Ⅰ. ①读… Ⅱ. ①马… ②盖… Ⅲ. ①英语—词源学 Ⅳ. ①H313.9

中国版本图书馆CIP数据核字（2019）第212632号

THE ETYMOLOGICON BY MARK FORSYTH
Copyright: ©2011 TEXT BY MARK FORSYTH
This edition is arranged with Icon Books Ltd, c/o The Marsh Agency Ltd.
through BIG APPLE AGENCY, INC., LABUAN, MALAYSIA.

Simplified Chinese edition copyright © 2020 by Beijing United Publishing Co., Ltd.
All rights reserved.
本作品中文简体字版权由北京联合出版有限责任公司所有
北京市版权局著作权合同登记 图字：01-2019-7421

读完本书你可能会成为一个话痨

作　　者：[英] 马克·福赛思（Mark Forsyth）
译　　者：盖梦丽
出 品 人：赵红仕
出版监制：刘　凯　马春华
选题策划：联合低音
责任编辑：唐乃馨　李　伟
封面设计：李　响
内文排版：黄　婷

关注联合低音

北京联合出版公司出版
（北京市西城区德外大街83号楼9层　100088）
北京联合天畅文化传播公司发行
北京美图印务有限公司印刷　新华书店经销
字数183千字　889毫米×1194毫米　1/32　10.5印张
2020年1月第1版　2024年3月第5次印刷
ISBN 978-7-5596-3731-4
定价：60.00元

版权所有，侵权必究
未经书面许可，不得以任何方式转载、复制、翻印本书部分或全部内容。
本书若有质量问题，请与本公司图书销售中心联系调换。电话：（010）64258472-800

Mark Forsyth

读完本书你可能会成为一个话痨

The
Etymologicon

A
Circular
Stroll
through
the
Hidden
Connections
of
the
English
Language

[英] 马克·福赛思 著
盖梦丽 译

北京联合出版公司
Beijing United Publishing Co.,Ltd.

献给约翰·戈德史密斯，带着感激。

作者谨向与此书的诞生有关的所有人致谢，特别是简·西伯以及安德烈亚·科尔曼，感谢他们的建议、忠告、修改、阐释以及其他善意的批评。

追求文字精确之人须借助词典,以及词源词典,如果他们愿意……

——约翰·弥尔顿

Preface　前言

人们偶尔会问我某个词的来龙去脉，这可不是什么明智之举。还好，同样的错误他们不会犯第二次。因为我天生是个沉默的家伙，甚至有点儿难以接近。但一说到"词源""词是怎么产生的"，我就会滔滔不绝。曾经有一个小伙子，吃着吃着饼干，突发奇想，问我 biscuit（饼干）一词是怎么来的。

我跟他解释，制作饼干需要两个步骤，法语中称为 bi-cuit，小伙子表示了感谢。我接着说，biscuit 中的 bi 与 bicycle（自行车）、bisexual（双性恋）中的 bi 是一回事，都包含"两个"的意思，他点点头。接下来，我又灵机一动，告诉他 bisexual 一词直到 19 世纪 90 年代才出现，发明这个词的人是个精神病学专家，名叫理查德·克拉夫特–埃宾，我问他知不知道埃宾还发明了"masochism"（受虐狂）一词？

他说完全不知道。

我又问他："你知道有个名叫 Masoch[1] 的人吗，masochism 的产生跟这家伙有关，他是一个小说家兼……"小伙子说他不知道谁是 Masoch，也不想知道，他只想安安静静地吃完他的饼干。

可是晚了，我已经收不住闸了，我接着说，"你可不知道，还

1　利奥波德·冯萨赫–马索克（Leopold von Sacher-Masoch，1836—1895），奥地利作家，代表作《穿裘皮的维纳斯》（*Venus in Furs*）被认为是虐恋文学的鼻祖。——编者

有好多词都跟小说家有关，比如Kafkaesque（卡夫卡式美学）和Retifism（恋鞋倾向）[1]……"我简直停不下来。

这时，小伙子突然向门口狂奔，幸亏我跑得比他还快。我有点儿恼火，还有很多没说完呢，要知道，这世上看似风马牛不相及的两个词总会有着某种联系。几个小时之后，那个小伙子在我画图解释Philip（菲利浦，人名）和hippopotamus（河马）的关系时[2]才趁机从窗户爬出去逃脱。

经过类似这样的事件后，我的朋友和家人简直无法再忍了。经过严肃讨论，他们觉得把我送到精神病院最安全了，但这么做又有些过分。绝望之余，他们只好向出版商求助——出书总能解决一些社会工作所不及的问题。最后，他们在卡利多尼安路附近找到了一家出版商，出版计划也有了：让我先从一个词说起，然后引出与它相关的另一个词，接着引出下一个词……就这样一个词一个词地讲下去，直到我江郎才尽，讲不下去为止。

如此，出书就有了双重好处。第一，可以让我不再"走火入魔"，兴许还能从我的魔爪下救出几个无辜的听众。第二，书不同于人，读者可以安心地把它放在床边或厕所，随时打开，随时合上，随心所欲。

没错，就是这样一本书，我的思考就从这里出发……

1　源自法国作家尼古拉-埃德姆·雷蒂夫（Nicolas-Edme Rétif，1734—1806）。——编者

2　在希腊语中，philo–表示"喜爱"，hippo–表示"马"，由此可见，philip意为"爱马的人。——编者"

Context　目录

A Turn-up for the Books	喜事从天降	001
A Game of Chicken	斗鸡游戏	003
Hydrogentlemanly	氢气与绅士精神	005
The Old and New Testicle	"新""旧"睾丸	007
Parenthetical Codpieces	括号里的"下体盖片"	010
Suffering for my Underwear	内裤风波	013
Pans	泛泛而在	015
Miltonic Meanders	弥尔顿漫谈	017
Bloody Typical Semantic Shifts	该死的语义演变	021
The Proof of the Pudding	布丁的证明	025
Sausage Poison in Your Face	脸上的香肠毒素	027
Bows and Arrows and Cats	弓、箭与猫	029
Black and White	黑与白	032
Hat Cheque Point Charlie	衣帽间的傻瓜	035
Sex and Bread	性与面包	039
Concealed Farts	掩饰放屁	043
Wool	羊毛	046
Turkey	火鸡与土耳其	051

Insulting Foods 屈辱的吃食	055
Folk Etymology 俗词源	056
Butterflies of the World 全世界的蝴蝶	059
Psychoanalysis and the Release of the Butterfly 心理分析及蝴蝶的释放	062
The Villains of the Language 邪恶的语言	068
Two Executioners and a Doctor 两个刽子手和一个博士	070
Thomas Crapper 托马斯与厕所	074
Mythical Acronyms 神秘的缩略词	079
John the Baptist and *The Sound of Music* 施洗者约翰和《音乐之声》	083
Organic，Organised，Organs 有机的，有组织的，器官	086
Clipping 截成词	088
Buffalo 水 牛	089
Antanaclasis 同字双关	093
China 中国	095
Coincidences and Patterns 巧合与模式	097
Frankly，My Dear Frankfurter 坦白说，我亲爱的法兰克福特	101
Beastly Foreigners 野兽般的外国人	102
Pejoratives 贬义词	105
Ciao Slave-driver 再见了，监工	107
Robots 机器人	109

Terminators and Prejudice	终结者与偏见	112
Terminators and Equators	终结者与赤道	114
Equality in Ecuador	厄瓜多尔的平等	116
Bogeys	超一杆	118
Bugbears and Bedbugs	妖精和臭虫	120
Von Munchausen's Computer	敏豪森男爵的计算机	123
SPAM（not spam）	从肉罐头到垃圾邮件	125
Heroin	海洛因	128
Morphing De Quincey and Shelley	德昆西与雪莱	130
Star-Spangled Drinking Songs	星光闪耀的饮酒歌	133
Torpedoes and Turtles	鱼雷与海龟	138
From Mount Vernon to Portobello Road with a Hangover	带着宿醉从弗农山庄到波多贝罗路	141
A Punch of Drinks	一点儿酒	143
The Scampering Champion of the Champagne Campaign	香槟运动的优胜者	146
Insulting Names	侮辱性的名号	149
Peter Pan	彼得·潘	153
Herbaceous Communication	草本沟通	157
Papa Was a Saxum Volutum	老爸是个老摇滚	159

Flying Peters	飞翔的彼得与小海燕	162
Venezuela and Venus and Venice	委内瑞拉、维纳斯和威尼斯	165
What News on the Rialto?	里亚尔托有什么新闻？	166
Magazines	杂　志	168
Dick Snary	词　典	171
Autopeotomy	自切阴茎	175
Water Closets for Russia	俄罗斯人的厕所	180
Fat Gunhilda	胖妞贡希尔达	182
Queen Gunhilda and the Gadgets	皇后贡希尔达和小配件	184
Shell	壳　牌	186
In a Nutshell	简而言之	187
The Iliad	《伊利亚特》	189
The Human Body	人类的身体	193
The Five Fingers	五根手指	194
Hoax Bodies	骗人的身体	197
Bunking and Debunking	撒谎与揭露	200
The Anglo-Saxon Mystery	盎格鲁-撒克逊之谜	203
The Sedge-strewn Stream and Globalisation	莎草溪与全球化	207
Coffee	咖　啡	211
Cappuccino Monks	卡布奇诺与和尚	213

Called to the Bar 获得律师资格	215
Ignorami 无 知	217
Fossil-less 化石词	221
The Frequentative Suffix 反复后缀	226
Pending 悬而不决	229
Worms and their Turnings 蠕虫和它们的反抗	230
Mathematics 数 学	233
Stellafied and Oily Beavers 产油的海狸	235
Beards 胡 须	238
Islands 岛 屿	240
Sandwich Islands 三明治群岛	245
The French Revolution in English Words 英语词汇中的法国大革命	249
Romance Languages 浪漫的语言	251
Peripatetic Peoples 流浪的民族	253
From Bohemia to California (via Primrose Hill) 从波西米亚到加利福尼亚（经由樱草山）	256
California 加利福尼亚	259
Drugs 毒 品	262
Pleasing Psalms 让人愉快的赞美诗	264
Biblical Errors 圣经中的错误	268

Salt	盐	271
Halcyon Days	太平日子	273
Dog Days	三伏天	275
Cynical Dogs	愤世嫉俗的狗	277
Greek Education and Fastchild	希腊教育和快孩子	279
Cybermen	网络人	281
Turning Trix	性别歧视	283
Amateur Lovers	业余的爱人们	285
Dirty Money	肮脏的金钱	287
Death-pledges	死亡抵押	289
Wagering War	发动战争	291
Strapped for Cash	资金短缺	293
Fast Bucks and Dead Ones	迅速敛财与死亡	294
The Buck Stops Here	责无旁贷	297
Back to Howth Castle and Environs	回到霍斯城堡及其周围	299
Quizzes	小测试	301
The Cream of the Sources	参考文献	322

A Turn-up for the Books
喜事从天降

这的确是一本书。英语语言的变化让你疯狂，即使面对一本书（book）你都可以做出一堆奇奇怪怪、有失身份的事儿。你可以烹制它（cook the books，曾用来表示做假账欺骗消费者），或者可以把罪犯带到书面前（bring a criminal to book，指审问犯人），如果他反抗，你就用书砸他（throw the book at，表示严厉惩罚）。你还可以从书中撕下一页（take a leaf out of it 表示以他人为榜样），虽然厕所纸没涨价。但不管怎样，你永远不能 turn up for 一本书，因为 a turn-up for the books 与笔墨纸砚没有任何直接联系（除非你超时髦，正在使用 Kindle 或类似的电子阅读器），它表示的是 a turn up for the bookmakersd[1]，意思是一场意外的惊喜。

任何一个孩子看到在街对面书店里的出版商，都会自然而然地想到：bookmaker 不就指把书摞在一起的人吗？的确，bookmaker 一词确实曾经表示一类作家，他们的书源源不断地摆上书架，可把读者给累坏了。托马斯·莫尔在1533年写道："of

---

1 实际指的是赌马者运气的"反转"，是"意想不到的惊喜"。——译者

newe booke makers there are now moe then ynough"（编书之新人已过剩），不过几年后他就被砍头了，对于图书业来说，这倒是一件好事。

在现代，bookmaker指的是职业赌徒，这个意义来源于维多利亚时期的赛马场。赌马庄家接受前来下注的人的赌注并将数目一一记录在赌注簿上，而turn-up指的是交好运。1873年的成语词典对此解释得很到位：

> Turn up：意外的好运。在赌马游戏中，如果无人押注的马获得胜利，对赌博庄家来说就是一个反转——turn up。

那么，哪些马没人下注呢？当然就是那些赔率最大（获胜概率最小）的马。几乎没有人会选择赔率为1000∶1的马下注。

这听起来似乎不合情理，1000∶1的赔率足以让一位圣人不惜放弃头顶的光环冒险下注。但圣人不了解赌马行业，1000∶1的赔率几乎从来不会出现，每个有经验的赌徒都知道，获胜的通常都是夺冠热门的马，这些马有大致相同的赔率。他们当然愿意把赌注压在稳操胜券的马上，因为只需要把马"嘘"（shoo）到终点就行。这样的马被称为shoo-in，即"常胜将军"。

就这样，你选择了夺冠热门的马，然后下了注。只有傻瓜才会把宝押在没有胜算的马上。所以，如果是一匹不可能获胜的老马轻松地越过终点线，这时候账本就"翻牌"了（a turn-up for the books），因为庄家就不需要赔付赌金了。

不过这并不意味着庄家需要多么走运，相反，他们总是赢家，破产的赌徒也总是比庄家多。在一场零和博弈中，你的情形要好得多，因为玩家共筹资金（pooling），赢家拿走的是全部。Pooling（共筹资金）一词源自法国，但它与swimming pools（游泳池）没有任何关系，却与chickens（鸡）和genetics（遗传学）关系密切。

A Game of Chicken
斗鸡游戏

在中世纪的法国，赌博之事简单易行。你只需要几个朋友、一只罐子和一只鸡。如果没有朋友，仇敌也行，但罐子和鸡却不能少。

首先，每个人在罐内放入相等金额的硬币，但记住千万不要开玩笑说这是"鸡的总和"（poultry sum）。然后把鸡赶到合理的范围之外。多远才算合理？大约是把一块石头扔出去的距离（a stone's throw）。

下一步，捡起一块石头。

现在，你们轮流拿石头用力砸那只可怜的鸡，鸡飞狗跳的场面马上就会出现。第一个投中的人可以赢得罐子里所有的钱。当然，你们要提前说好绝不在动物保护主义者面前提起此事。

这就是法国人玩的斗鸡游戏。当然，法国人说的是法语，他们把这个游戏叫作poule，poule在法语中有"鸡"的意思。赢得所有钱的人就赢得了jeu de poule。

后来这个词被用到了其他地方。在纸牌游戏中，桌子中央放的一罐子钱也被称为poule，英国的赌徒们学会了这个词并在17世纪将其传回本国，他们把这个词改为pool，但在桌子中间放钱的做法没变。

值得注意的是，大家凑起来的这些赌金与水没有任何关系，千万别把它与游泳池（swimming pools）、岩池潭（rock pools）、利物浦（Liverpools）等词语混为一谈。

再回到赌博。台球运动盛行后，人们开始赌球，这个游戏也被称为pool，于是就产生了shooting pool（打桌球）的说法。可怜的法国鸡终于飞出赌场，飞向了晴空。

从赌徒"凑钱赌博"（pool money）到"集资"（pool resources）、"拼车"（pool cars），再到"速记室"（typing pool）里的公共打字员，鸡终于获得了解放。接着，它的形象比我们每个人都更加高大起来——1941年出现了一个词,叫 gene pool(基因库),我们每个人都变成了基因库中的一分子,从词源学上说,这意味着我们都是小鸡的一小部分。

Hydrogentlemanly
氢气与绅士精神

Gene pool 中的 gene 一词来源于古希腊语中的 genos,意思是诞生,它是 generation(一代人)、regeneration(再生)以及 degeneration(退化)这些词的词根。拉丁语中的 genus 可以说是它的表亲,它们在英语中很常见,你会经常与它们不期而遇。

比如 generous 这个词,它最初的意思是 well-born(出身名门)。人们通常认为出身好的人出手大方,而农民就很小气,因此这个词就逐渐有了"慷慨"(munificent)之意。事实上,由于绅士为自己树立了有教养(well-bred)的美名,于是表示温文尔雅(soft)之意的 gentle 一词便成了绅士的名字——gentleman。有些绅士教养好得过了头,变得"小心翼翼"(gingerly),gingerly 中的 gin 也许就是 gen[1] 潜伏在英语中的另一

---

[1] gen 是 gentle 的词根,表示出身、种族、氏族等。——译者

形态。当然，gingerly与生姜（ginger）可没有任何关系。

Genos一词还藏在你呼吸的空气中。18世纪后期的化学家们为区分组成大气的气体大伤脑筋。氧气、二氧化碳、氮气以及其他气体看上去非常相似，它们都是透明的，几乎都没有重量，唯一的区别就是功能不同：我们现在称为氧气（oxygen）的气体可以让物体燃烧，而氮气（nitrogen）可以灭火。

科学家们花了很长时间才将这些气体区分开，接下来面临的问题就是如何给它们命名。氧气曾一度被叫作flammable air，即"易燃气体"，但这个叫法没有流行下去，因为听起来不够"科学"。我们都知道，科学用语一般都要高深莫测，好让那些得了脸红病，却不知道"特发性颜面红斑"[1]这个词的人肃然起敬。

最后，一个叫拉瓦锡的法国人决定将燃烧时产生水分的气体叫作water-producer，但作为科学家，他得用希腊语来表述，这个词就是"氢气"（hydrogen）；能让物体变酸的那部分气体叫acid-maker，即氧气（oxygen）；同理，产生硝酸钾（nitre）的气体就被称为氮气（nitrogen）了。

（当时的人们还不知道空气中的另外一种重要气体——氩气，因为这是一种惰性气体，不会产生任何物质，因此后来也被称为

---

[1] 对你我来说，这其实就是脸红。（若无特别说明，本书注释皆为原书注）

argon。Argon在希腊语中表示"懒惰"。)

世界上大部分表达"产生""再生"意思的词语中都含有gen，这些词未必都是同源词，而且有时候它们"产生"的方式也令人匪夷所思。比如，由同一个群体繁衍出来的就归为一个属（genus），如果你讨论的是一个属的总体特征或属性，那么就是"总体而言"（speaking in general）；如果你统领（in general command）一个部队，你就是将军（general）；将军可以命令他的部队实施种族灭绝（genocide）——从词源学来看，它与自杀（suicide）同源。

当然，将军本人不会亲自实施种族灭绝，他会把这个任务交给自己的士兵们（privates），而private是gonads（生殖腺，即男性的睾丸或女性的卵巢）的隐晦说法。Gonads也同样来自这个词根，其缘由不言自明。

The Old and New Testicle
"新""旧"睾丸

Gonads就是睾丸，睾丸本不会与《旧约》和《新约》有任何关系，但事实却出人意料。

《圣经》的《新约》和《旧约》证明（testify）了上帝的真理。

因为在拉丁语中，testis表示witness（见证、证明、证人）等意思。由testis这个词根，英语接收了一系列词语，如protest（提供有利证明）、detest（提供不利证明）、contest（提供有力证明）以及testicle（睾丸）。为什么会有睾丸呢？因为它们是男人气概的"证明"。你想证明你是一个真正的男人吗？嗯，你的睾丸会作证。

当然，这只是一个通常的解释。还有一种更有趣的理论：在过去，证人会将手放在自己甚或他人的睾丸上发誓。在《创世记》中，亚伯拉罕让自己的仆人发誓不会与迦南女人结婚。詹姆斯国王版本的圣经中有一段这样的翻译：

请你把手放在我大腿底下（under my thigh），我要你指着耶和华——天地的主起誓……

现在我们认为这可能是正确的翻译，但希伯来语中没有用thigh（大腿），而是yarek，大致的意思是soft bits（柔软的生殖器）。没有人知道古代人怎么发誓，但很多学者认为他们在向对方发誓时，并没有把手放在自己的心脏或大腿上，而是放在对方的睾丸上，这样一来，testis与testes的联系就更加直接了[1]。

---

[1] testis即testcle（睾丸），而testes是testis的复数形式。——编者

表示睾丸的词有一百多个，比如testicles、bollocks、balls、nuts、cullions、cojones、goolies、tallywags、twiddle-diddles、bawbles、trinkets、spermaria。这个晃来晃去的东西似乎无处不在，足以让一个体面的家伙脸红。你喜欢鳄梨（avocado）的味道吗？我喜欢，直到有一天我突然意识到我吃的是阿兹特克人的睾丸。事情是这样的，阿兹特克人注意到了鳄梨的形状，觉得它像极了一个大大的绿色睾丸，因此就称它为ahuakatl，阿兹特克语的意思就是睾丸。西班牙人去了南美洲之后，将其误听为aguacate，英国人将其修改为avocado。想起以前吃鳄梨时还会加点儿核桃油，我羞得都要钻地缝了。

甚至你逃到象牙塔中，穿着扣眼里插着兰花（orchid）的衣服、面有愠色地坐在那儿，也逃脱不了与睾丸的联系，因为兰花的根与睾丸也相似，orchis在希腊语中就是睾丸的意思。事实上，绿翅兰花（green-winged orchid）曾享有"傻瓜的睾丸"（Fool's Ballocks）这一称号。表达某人有多个睾丸也有一个专用术语，即polyorchid[1]。

我们所在的星球（orb）极有可能也是从orchid这个词根来的，也就是说，我们正在一个重达六十万亿亿吨的巨型"蛋

---

[1] poly有"多个"之意。——译者

蛋"（testis、gonad或cod）上绕着太阳旋转，cod-philosophy（伪哲学）、codswallop（扯淡）和codpiece（下体盖片、兜裆布）这些词也都与此有关。

你电脑键盘的右上角有两块下体盖片，它们怎么会出现在那儿，说起来可是个怪诞的故事。

Parenthetical Codpieces
括号里的"下体盖片"

你电脑的键盘上有两个按键长得很像下体盖片（codpiece），这全是法国古高卢人的错。高卢人本来说高卢语，直到尤利乌斯·恺撒到来，将他们分割成三部分。高卢语中原来有一个词braca，用来表示裤子，而征服他们的罗马人穿袍子，没有表示裤子的词，高卢语中的braca便因此幸存下来。

Braca演变为早期法语中的brague，即裤子。后来他们需要一个词来表示裤子前面的下体盖片，于是就有了braguette和little trousers。不要将braguette与baguette混为一谈[1]。一个法

---

[1] 后者是根"棍子"，用来表示"法棍面包"。——译者

国人也许会向你吹嘘他的"棍子"（baguette）太大，那块小盖片（braguette）遮不住。当然，法国人"无所不能"，他们是braggarts（好自夸者）。

下体盖片在古代非常重要，尤其是在盔甲装束中。在乱箭狂飞的中世纪战场上，骑士们很清楚最需要保护哪里。亨利八世的下体盖片就是一个融保护功能与色情意味于一体的庞然大物，它闪闪发亮，巨大无比，足以吓得敌人溃不成军。它从国王的腹股沟向上高高隆起，形成一块金属板，保护着国王的下腹。

下体盖片显然是意义非凡的。你管支撑着露台或屋顶的梁柱下面的那块石头叫什么呢？16世纪之前，没有人确切知道叫它什么，但可以肯定的是，某天有人盯着教堂的墙壁出神时突然脑洞大开，觉得这种建筑支座与亨利八世的下体盖片非常像。

于是类似的建筑支撑结构便被称为braggets，这不由地让我想起了宝嘉康蒂（Pocahontas）[1]。

宝嘉康蒂是生活在弗吉尼亚州的波瓦坦部落公主。当然，当时的波瓦坦人可不认为那是弗吉尼亚州，他们称那里为Tenakomakah。因此，英国人带着武器来到这儿，好心地向他们解释这一错误。可波瓦坦人不识抬举，甚至俘虏了一个英国人。

---

[1] 即《风中奇缘》中的女主人公。——编者

正当他们要将犯人处死时，宝嘉康蒂带着她的父亲出面干预，约翰·史密斯上校得救了。后来，宝嘉康蒂疯狂地爱上了史密斯上校，他们开始了一段激情热恋。但实际上当时的宝嘉康蒂才10岁，这事儿我们不必当真。

事实也许并非如此，因为他们的故事已被传得面目全非。但历史上的确有个宝嘉康蒂，也的确有一个约翰·史密斯上校，他们似乎也互相爱慕。但由于枪支走火而受伤，史密斯不得不返回英国。殖民者残忍地告诉宝嘉康蒂，史密斯死了，宝嘉康蒂形容憔悴，心灰意冷。事实上史密斯没有死，而是回英国编词典了。

《水手语法及词汇：航海难词大全》（*The Sea-Man's Grammar and Dictionary: Explaining All the Difficult Terms of Navigation*）于1627年出版，里面包含了各种航海用语，供上进的水手们学习。而对我们来说，重要的是史密斯将braggets拼写成了brackets，并将这个词保留了下来。

建筑学上的支撑结构因为形状看上去像下体盖片而被称作bragget或bracket[1]，但如果一对bracket将两个平行结构连成一个垂直面，又该怎么命名呢？建筑结构上的双重bracket形状类似于括号，即"["。

---

[1] 即"支架"，也有"括号"的意思。——译者

环顾四周，或许你能在最近的书架上看到这个结构。正如这种建筑结构因形似下体盖片而被称为bragget或bracket，括号这个标点符号也因与此种建筑结构形似而得名bracket。

1711年，一个名叫威廉·惠斯顿的人出版了一本书，名为《原始基督教的复兴》(*Primitive Christianity Revived*)，他经常在书中援引希腊文，并会给出原文及自己的翻译，还将原文注释在括号内。因此，他成为第一个将"[]"称为"括号"（bracket）的人。

如果你看着自己电脑键盘的右上角，会发现两个小小的下体盖片，即"[]"，正猥琐地待在表示pants的字母P的旁边。

Suffering for my Underwear
内裤风波

很久很久以前，有个小伙子，也许根本没这个人，也许他也不叫Pantaleon（潘达莱昂）。传说他是皇帝马克西米安努斯（Maximianus）的私人医生。当发现自己的医生居然是个基督徒时，国王非常沮丧，并下令将他处死。

然而行刑的时候却遇到了麻烦。他们一开始准备把他活活烧死，结果火熄灭了。之后把他扔进滚烫的铅液里，铅液变凉了。又给他捆上一块大石头扔进海里，结果石头浮了上来。把他扔给猛兽，猛兽变得温顺无害。他们想绞死他，绳子断了。他们又去砍他的头，刀弯了。最后，皇帝饶恕了他。

医生得到的最后好处就是赢得了这个名字Pantaleon，也就是万众同情之人（all-compassionate）。

最终他们取下了Pantaleon的脑袋，他死了，但却成了希腊伟大的殉道士（megalomartyrs）之一。到公元10世纪，Saint Pantaleon已经成为威尼斯城的保护神。潘达莱昂也成为广受威尼斯人喜爱的名字，威尼斯人经常被称为Pantaloni（潘达洛尼）。

16世纪出现了一种由巡回剧团表演的短小喜剧形式——Commedia Dell'Arte，这种喜剧中经常出现定型的人物形象，如harlequin（小丑）或scaramouch（胆小鬼）。

这些喜剧中，Pantaleon就是典型的威尼斯人的形象。他是一个吝啬、贪婪的老商人，像所有的威尼人一样穿着连体马裤，这种长长的连体裤慢慢地就被称为pantaloons，缩写为pants，英国人（而非美国人）将他们的内裤叫作underpants，也可缩写为pants，就是我现在穿着的这种。

Pants是"万众同情之人"，是"神圣徒"，这意味着我的内裤是以那个早先殉道的伟大的基督徒的名字命名的。

Pans
泛泛而在

这样看来，pants 和 panties（女士内裤）都来自 Saint Pantaleon，女士的是"万众同情"，男士的则是"殉道士"。

因此，St Pantaleon 与 St Pancras（圣潘克拉斯）以及收到了一个本不应打开的、无所不包的盒子的 Pandora（潘多拉）是语言学上的亲戚。

Pan 指的是一种无处不在的元素，这就是 pan-present（泛在）。比如，摇动摄像机可以从一张脸移动（pan）到另一张脸，这里的 pan（摇摄）与你内裤 underpants 中的 pan 来自同一个希腊词。电影中的 panning（pan 的动名词形式）是 Panoramic Camera（全景摄像）的简称，于 1868 年获得专利，之所以这么叫是因为 panorama 就是"看到所有"的意思。

Panacea（灵丹妙药）就是能治愈所有病症的药，如果你感染了 pandemic（全球流行病）它就会派上用场。Pademic 这个词从 epidemic 演变而来。Epidemic 仅仅是某个地区的人（among the people）染病，而 pandemic 意味着世界上所有的人都被传染了。

Pan 为我们生出许多超级有用的词，但不知道什么原因，它们都隐藏在词典幽暗冷清的角落里。比如 pantophobia，它是所有恐惧症的祖宗,因为它表示对几乎所有一切都感到恐惧的病态心理。Pantophobia绝对是pandiabolism引起的后果,患pandiabolism病症的人认为恶魔控制着世界,症状轻点儿的话就是panpathy,表示我们时常会有的那种恐惧感。

然而,并不是所有带pan的词都表示"所有、全部"。这就是词源学的难题——没有固定不变的规则,没有放之四海皆准(panapplicable)的规则。你家厨房里的pans(平底锅)和pots(罐)与panoramas、pan-Africanism(泛非主义)没有任何关系。Panic的含义也不是惧怕所有事物,而是指希腊的森林之神Pan(潘神),让那些在天黑之后到森林里散步的人产生一种恐惧(panic)。但潘神的名字并不意味着他是panipotent(万能的)。人们不知道他的名字是怎么来的,只知道他会一种乐器,叫作pan-pipe(排笛)。

早在公元前27世纪,罗马将军马库斯·阿格里帕(Marcus Agrippa)在罗马城边建了一座大神殿,后来他决定把它奉献给所有的神。六百年后,这座建筑依然挺立,而教皇决定把它变成一个基督教堂,献给圣母玛利亚和殉道者。在此之后的一千四百年里,这座神殿依然挺立,而且还是原来的屋顶。严格来说,教堂现在被称为圣玛利亚教堂,但游客仍然称之为Pantheon(万神殿),也就是所有神的所在。

与 pantheon 截然相反的词应该是 pandemonium，指的是所有魔鬼的所在。现在我们用这个词表示事情有点儿杂乱无序，但最初这个词就是指地狱中的一个宫殿。它是约翰·弥尔顿创造的数百个英语词语中的一个。

Miltonic Meanders
弥尔顿漫谈

> （它是）用十几个章节的韵文对《创世记》第一章乏味的注解……

这是伏尔泰笔下描述的《失乐园》，一部由约翰·弥尔顿所著的伟大史诗。当然，伏尔泰错了。《失乐园》主要讲的是亚当和夏娃，这一对儿在《创世记》的第二章才出场。

失乐园讲的是撒旦从天堂的堕落以及人类从伊甸园堕落入诺德之地的故事，它大体是一个有关"堕落"的诗歌，但这并不妨碍它成为一部伟大的英语史诗，其成就主要在于，它是唯一居然有人愿意去写的史诗，也是唯一居然有人愿意去读的史诗，它也是 pandemonium 一词的起源。

在弥尔顿的诗歌中,撒旦被逐出天堂来到地狱,他要做的第一件事就是给自己建一个住处。于是他召唤其他的堕落天使,让他们建造一个巨大而可怕的宫殿。就像万神殿是所有神的殿,撒旦决定将自己的新居所(pied-à-terre)命名为"万魔殿"——All the Demons,或者叫Pandemonium,于是pandemonium这个词就产生了。

当然,从那以后,pandemonium 就用来表示所有喧闹之地,但这个词的起源还是要追溯到弥尔顿,追溯到他爱造词的癖好。

弥尔顿酷爱造词。当他找不到合适的词来表达时,就会自己造一个:impassive、obtrusive、jubilant、loquacious、unconvincing、satanic、persona、fragrance、belea-guered、sensuous、undesirable、disregard、damp、criticise、irrespon-sible、lovelorn、exhilarating、sectarian、unaccountable、incidental和cooking。这些全是弥尔顿的成果。说到"创造性表达",弥尔顿正是wording(措辞)一词的创造者。

是不是有点儿肃然起敬(awe-struck)了?Awe-struck这个词也是他造的,此外还有stunning(极好的,让人眼前一亮)和terrific(棒极了,太好了)。

弥尔顿是清教徒,因此他创造了很多词来表达所有他不喜欢的有趣事情。如果没有弥尔顿,我们就不会有debauchery、

depravity、extravagance（放荡、堕落、奢侈），生活压根就没什么enjoyable（好玩的）了。

可怜的牧师们！人们往往把他们的谴责当成建议。一个人所憎恶的事却成为另一个人的好点子。这就叫意外的后果（unintended consequences），嗯，这个unintended（意料之外的）正是弥尔顿发明的。他也许不会想到自己创造的另一个晦涩难懂的词竟然成为这本书的名字。Etymologicon，意思是一本讲词源（etymologies）的书，这个词首次出现于他的文章《论婚姻的无效》（*Nullities in Marriage*）中。

无论你是在all ears（洗耳恭听），还是在tripping the light fantastic（翩翩起舞），你引用的都是弥尔顿的词。"[T]rip it as ye go, / On the light fantastic toe"（你尽管轻快起舞，随着光影的脚步）就出自他的短诗《快乐的人》（*L'Allegro*），"in a light fantastic round"（光影流转）以及"all ears"（洗耳恭听）则出自他的剧本《科玛斯》（*Comus*）。当一名网球选手占据优势（advantage）时，用到的词同样出自弥尔顿，至少，他站在运动的角度发明了advantage。当all Hell breaks loose[1]时，世界便成了《失乐园》（*Paradise Lost*），因为撒旦从地狱逃脱时，一个天使好奇地问他：

---

1 地狱被冲破，比喻灾祸就要来临。——译者

Wherefore with thee

Came not all Hell broke loose?

还是靠弥尔顿，我们才有了space travel（太空旅行）这个词，至少因为他，这个词才在语言学上成为可能。在弥尔顿之前，space已经存在了几百年，但用它来表示星际空间，弥尔顿是第一人。撒旦在安慰那些堕落天使的时候说，虽然你们被禁止进入天宫，但：

Space may produce new worlds.

因为有了space表示太空，就没有出现类似outer distance、void stations或者expanse ships这些词。电影《2001太空漫游》(*2001: A Space Odyssey*)以及大卫·鲍伊的歌曲《太空怪人》(*Space Oddity*)，这些响当当的名字也都有赖于弥尔顿的创造。如果流行音乐界比较公正的话，弥尔顿还应该获得杰夫·贝克的歌曲《一线希望》(*Hi Ho Silver Lining*)的版税，因为弥尔顿发明了silver linings（乌云周围的银光）[1]这个词。

---

[1] 他也应该从尼克·凯夫的歌曲《红色右手》(*Red Right Hand*)中小赚一笔。

是我被欺骗还是那漆黑的云

在黑夜将乌云四周的银光驱散？

Was I deceived or did a sable cloud

Turn forth her silver lining on the night?

这一节里我似乎变成了引用家（quotationist），quotationist 是弥尔顿发明的一个没有流行起来的词。既如此，我们就继续开拓新天地（pastures new）[1]去吧："At last he rose and twitched his mantle blue, / Tomorrow to fresh woods and pastures new."（他最终起身，抖动蓝色斗篷，/ 明日前往新的森林和牧场。）让我们忘记乌云周围的银光（silver linings），将眼光投向那片云吧。

Bloody Typical Semantic Shifts
该死的语义演变

你知道云（clouds）与天空（sky）的区别吗？如果知道，那就太幸运了，因为对于生活在伦敦的人来说，这两个词是同一

---

[1] pastures new 字面意思是新的草地或牧场，比喻意义为"新天地"。——译者

个意思。这里的云周围没有银色光芒,天气让人苦不堪言,一直以来都是这样,而且还将继续下去。

我们的sky一词来自维京人所说的cloud,但在英国,这两个概念毫无区别,词语因为恶劣的天气而改变了意思。

如果词源学能确凿地证明一件事,那就是我们的世界是个不幸的地方。虽然我们可以梦想更好的生活,但梦想(dream)一词来自盎格鲁-撒克逊语的happiness(幸福)。这其中是有寓意的。

这里不停地下雨,幸福(happiness)永远是一个美梦(dream),人们也永远是懒惰的。我该清楚自己也很懒惰。如果让我去洗餐具或者报税表,我肯定会说等我五分钟(in five minutes)。

五分钟通常意味着遥遥无期(never)。

如果要我做的事儿性命攸关,我可能会说马上就做(in a minute)。这个说辞通常意味着一小时内(within an hour),虽然我也不敢保证。

不要骂我。你知道a moment(马上)是可以想到的最小时间单位。现在你打开收音机或电视等等看,很快你就会听到播音员说"接下来马上(in a moment)播放的是"这个、那个或者其他,"但是我们得先听一下新闻(或天气预报)"。

史密斯乐团有一首很老的流行歌曲叫《现在有多快？》(How Soon is Now?)。写这首歌的人一定比我还懒惰，任何一本词源词典都明明白白写着：soon在盎格鲁-撒克逊语中就是now。

只是人们在说了一千多年的I'll do that soon之后，soon一词才有了今天所指称的含义。现如今，必须在now前面加上一个right[1]，不然就毫不管用。Anon这个词的命运也是如此[2]。这个词来源于古英语的词组on an，意思是 on one或instantly（立即地，马上地）。然而人们从来不马上或立即行动，只是说说而已。不难想象，instantly就只好与它的老兄soon同病相怜了。

人是卑劣而刻薄的动物。坦白说，人们对他人的错误夸大起来近乎恶魔。《李尔王》中就有这么一段，格洛斯特公爵的眼睛被里根挖了出来，他的反应是称她为一位naughty lady。

Naughty一词曾经是一个比现在严肃的词，因为用得太滥失去了原来的威力。很多严厉的父母都说自己的孩子naughty，久而久之这个词的威力就消失了。但在过去，如果说一个人naughty，那就是说他禽兽不如（no-human）。它与nought（零）

---

1 right now 强调"立即，马上"。——译者
2 anon不是anonymous的缩写形式，而是soon的近义词。

和nothing一样，来自同样的词根。而如今，这个词只表示"淘气、顽皮"了。

人类所有的弱点都可以从词源的历史找到。其中最受诅咒的一个词就是probably。两千年前，罗马人曾使用过probabilis。如果形容一件事probabilis，那就是说它能够"被实验所证明"（proved by experiment），因为probabilis和prove来自一个共同的词根：probare。

但是probabilis被用滥了，因为相对于真正应该相信的，人们总是更喜欢主观确信，罗马人是这样，我们亦如此。罗马的律师常常声称他们的案件是probabilis，而实际并非如此。罗马的占星家也夸口他们的预测是probabilis，夸口而已。那个年代，任何一个正常的罗马人都会告诉你太阳围着地球转，而且这也是probabilis。因此，当1387年可怜的probably一词首次出现在英语中的时候，它已经"可怜巴巴，疲惫不堪"，它的光辉岁月已经不再，只能表达likely（可能）的意思了。

现在你来猜一猜，既然probable与prove来源于同一个词根，那么"the proof of the pudding is in the eating"[1]又是怎么来的呢？

---

[1] 布丁好不好，一吃就知道。——译者

The Proof of the Pudding
布丁的证明

前面已经讲过，probable 和 prove 来自同一个拉丁词根 probare。而 probable 由于被滥用，含义只剩下了 likely，prove 因此"得势"，意义前所未有的"强大"起来。即使这样，你仍然可以从几个看似不知所云的短语中窥见其"卑微的出身。"

为什么例外能验证规则（prove the rule）？为什么你需要一个校对（proofreader）？试验场（proving ground）上发生了什么具有决定意义的事？何等严谨的哲学家会要求证明布丁的味道（proof of a pudding）？

要回答上述问题都得从这个古老的拉丁词根——probare 说起。尽管上一节已经解释过 probare 与 prove 意思非常接近，但它与现代英语中 prove 的含义仍然不完全一致。罗马人喜欢测试自己的理论，有时候一个理论经过测试后发现行得通，有时候则发现这个理论有缺陷。

书被送到校对者手中也是同样的情况，校对者拿到的是一个校样，他要仔细阅读以发现其中的拼写错误和不必要的撇号。

同样，例外可以验证规则。例外的情况正是用来考验规则的。这个考验可能将规则打破，也可能通过验证使规则长存，不管是哪一种，规则都被验证了（proved）。

同样的道理，一件新武器被送往试验场（proving ground）不只是来"秀存在的"，而是要验证它是否像期望的那样具有无比的杀伤性。

所有这些也能够解释为什么甜点或者布丁的好坏全凭品尝才知道。这里用的就是prove一词原来的意思。

请注意，也许你对验证古代的布丁没什么兴趣，因为最早的布丁是在动物的肠子里塞上它的肉和脂肪熬制成的，之后放在橱柜中储存食用。这个词最早出现在1450年中世纪的菜谱中，记录的是海豚布丁的制作配方：

海豚布丁：把海豚的血、油脂与燕麦、盐、胡椒、姜等配料混合在一起，然后将它们灌入海豚的肠子里，文火慢炖数个小时，之后取出稍微烤一下，即可食用。

Puddyng of Porpoise. Take the Blode of hym, & the grece of hym self, & Oatmeal, & Salt, & Pepir, & Gyngere, & melle [mix] these togetherys wel, & then put this in the Gut of the Porpoise,& then lat it seethe [boil] esyli, & not hard, a good while; &then take hym up, & broyle hym a lytil, & then serve forth.

要想知道鼠海豚布丁的味道，必得通过品尝。那时布丁实际上是一种非常奇怪（甚至可能有毒）的香肠。

在我们进入下一节前，你能猜一猜为什么那些光彩夺目的明星要将"香肠毒素"（sausage poison）往脸上注射吗？

Sausage Poison in Your Face
脸上的香肠毒素

香肠在拉丁语中叫作botulus，由它又产生了两个词。一个是可爱的botuliform，意思是香肠形状的（sausage-shaped），这个词可比你想象中要有用得多。另外一个词是botulism.

香肠虽然好吃，但最好不要打听里面放的是什么。"好奇害死猫"，猫死了，正好由香肠生产者们处理尸体。在19世纪的美国，人们普遍认为香肠是用狗肉做的，因此他们称之为hotdogs，这个名字一直用到现在。香肠里塞着猪肉，也夹着风险。香肠通常吃不死人，但却可能有致命的危险。

19世纪初，德国有个名叫尤斯蒂努斯·克纳（Justinus Kerner）的人，是个医生，他喜欢用斯瓦本方言写些乏味的诗歌。当然，他的诗歌现在早被人忘记，但他的医学事业却源远流长。克纳发现了一种令他的一些病人死亡的新疾病。这种可怕的疾病会慢慢侵蚀全身各个部分，使其失去知觉，直到心脏停止跳动而死亡。克纳发现，所有死亡的病人都一直在食用廉价肉做成的香肠，因此给这种疾病命名为 botulism 或 sausage disease。他同样正确地判断出，不好的香肠里肯定含有某种毒素，他将这种毒素命名为 botulinum toxin（肉毒杆菌毒素，即肉毒素）。

1895年比利时的一场葬礼上，守灵的宾客被提供了火腿等食物，结果三个人倒地身亡。从事殡葬服务的人肯定会偷着乐，但剩余的肉制品毫无疑问被送到了根特大学进行化验。细菌学教授在显微镜下仔细研究了这个致命的火腿，最后发现罪魁祸首是一种形状类似香肠的小细菌，现在人们称之为肉毒梭状芽孢杆菌（Clostridium botulinum）。

这可是一大进步，因为它意味着克纳所发现的肉毒素可以制造出来。你也许会问为什么有人制造这种毒素，毕竟这是有毒的啊。的确，一微克的肉毒素会让人瘫痪并几乎当即毙命。但瘫痪有时候也是件好事。比如有人得了面部痉挛，医生可以在他的患病处注入一丁点儿肉毒素，只要一丁点，就会出现短暂的麻痹，痉挛就治好了，多神奇！

这只不过是生产肉毒素的最初原因，很快人们就发现面部出现麻痹后人看上去会更年轻，虽然也会让人看起来怪怪的，面部表情不自然，可是如果能够年轻几岁，谁还在乎这些呢？

香肠毒素（sausage poison）突然就这么流行起来。有钱的名人们对之欲壑难填。它可以让一个好莱坞女明星的星路延长好多年，老演员看上去又回到中年。注射克纳的香肠毒素就像做了整容手术，但却少了痛苦，也不会永久定型。香肠毒素因此在好莱坞大受欢迎。

当然，它不再叫"香肠毒素"，因为听上去不够光鲜。它也不再叫"肉毒素"，因为人人都知道毒素对人有害。既然它现在已经成了人人追求的时髦货，就摇身一变，成了Botox（保妥适）。

如果Botox就是香肠毒素，toxicology就是毒理学，intoxication的意思是"中毒"，那么toxophilite又是什么意思呢？

Bows and Arrows and Cats
弓、箭与猫

Toxophilite指喜欢射箭的人。Toxin源自toxon，在希腊语中toxon的意思是弓（bow）；Toxic源自toxikos，这个词在希腊语中的意思是"有关箭术的"（pertaining to archery）。在古代战争中，人们通常都会将箭头在毒液中蘸一蘸。在希腊人的头脑里，这两个词的关系如此密切，他们干脆就把toxon叫作toxin。

射箭曾经风靡一时。所以，翻开电话簿你会看到好多跟射箭有关的名字，例如Acher、Fletcher（制造箭的人），以及Bowyer（制造弓的人）等。1363年，爱德华三世通过了一项法律，规定凡60岁以下、14岁以上的男子每周都要进行一次射箭运动。显然，那时候射箭更多的是用来置人于死地，而不是运动。爱德华三世的这条法律也从未真正被废止过。

因此，有关射箭的词在英语中比比皆是，比如upshot。Upshot表示能够决定射箭比赛胜负的那一射。亨利八世在他1531年的账目里记录了自己的比赛损失：

格林威治公园，国王输给库顿兄弟三局，赔金20镑，库顿兄弟在最后决定胜负的一局赢了国王。

在都铎王朝，射箭未必是一项令人愉快的事业。关于短语enough room to swing a cat的来历，有两种理论。第一种解释是，cat就是九尾鞭（cat-o'-nine-tails），但在一个很小的房间里是很难挥动九尾鞭来打人的。另外一种说法与射击术有关。

对于都铎王朝的人来说，射中静止的目标太容易，因此技艺精湛的射手会将猫放进袋子里，把袋子挂到树枝上进行射击，以此考验自己的技术。凶猛的猫会在袋子里挣扎，袋子就会晃来晃去，这对动物来说很残酷，但却对敏锐的射击手提出了挑战，也为英语贡献了一个词语。

顺便提一句，这个词与 letting the cat out of the bag（泄露秘密）没有关系。"letting the cat out of the bag" 显然与猪有关。在中世纪时期的集市上，小猪是被装在袋子里卖的，这样农夫就能够轻易地将它们带回家。因此有了短语 a pig in a poke（未经过目而购买的东西、上当货）。那时候通常的骗术是将一头值钱的猪仔换成不值钱的阿猫阿狗，那么你买走的便是一只不值钱的小畜生（being sold a pup），当你发现上当了，你就会 letting the cat out of the bag（把袋里的猫放出来，即把这个秘密告诉别人）。听起来虽然不可思议，但所有欧洲语言中几乎都有类似的说法。

再回到射箭，这些跟射箭有关的废话，无论是 sagittopotent[1] 还是 toxophilite，都会引出另外一个奇怪的词组——point blank。

这里的 blank 跟英语中 blank 的通常意思可不一样，虽然二者关系也不远。Point blank 中的 blank 是法语中的 blanc，意思是

---

1 擅长射箭，就像 Sagittarisu（射手座），我们接下来会讲星座——Zodiac（或者叫 little zoo）。

"白的"。Bullseye（靶心）这个词相对来说是个新词，19世纪才出现。在这之前，人们将靶子中心的白点称作white或者blank。

有趣的是，射箭时人们通常不会瞄准靶心。如果你正对着白点（blank）瞄准，地球引力作用会让你射中白点偏下的位置。因此弓箭手瞄准的是白点稍稍偏上的点，希望能消解那个麻烦的牛顿定律产生的作用。弓箭手们的另一个术语aim high也因此产生，这个词并不表明你会射中更高的那一点，那也不是你的本意。你只有瞄准高处才能射到真正的靶心。

然而，这个规律在一种情况下不起作用，那就是当你距离靶子非常近的时候。此时你就可以正对着blank point或者中央的白点射击了。如果你距离靶子那么近，就可以说你在point blank（近距离平射的，引申为"直截了当的"）范围内了。

Black and White
黑与白

区分black与white这两个词让词源学专家们大费周折。你可能觉得这两个概念很容易区分，但中世纪的英国人可不这么认为。这群令人不解的人在点咖啡时一定遇到了不小的麻烦。就连

《牛津英语词典》(*Oxford English Dictionary*，简称OED）都弱弱地承认："中世纪英语中的blac、blak、blacke到底是表示'黑色、黑暗'还是表示'苍白、无色、暗淡、青灰色'，的确令人迷惑。"

这样看来，下国际象棋就会非常麻烦；但也有好处，要搞种族歧视肯定就不那么容易了吧。

虽然听来非常不合逻辑，还是有两种说法对此做出了很好的解释，只可惜没有人知道哪一种是对的，我姑且将两种都奉上吧。

很久很久以前，有一个古老的德语词black，或其他与black的意思没什么差别的词语，表示的含义是burnt（烧焦的），但令人苦恼的是，古代德国人不清楚燃烧后到底是黑还是白。一些人认为物体燃烧后会发光发亮，另一些人则认为物体被烧后会变成黑的。

结果是不可救药的黑白混淆，直到大家都感到厌倦，骑着马掠夺罗马去了。后来英语中留下了black，用来表示"苍白"或"黑暗"，但慢慢落在一个意思上了。法国人也引进了这个没什么用的词，他们在black中间加了一个N变成了blank，转卖给了英国人，从而给我们留下了black和blank这对反义词。

另外一种理论（虽然更不可信，但也同样有趣）说的是古德语中有个词black，表示bare（光秃的）、void（空的）、empty（虚无）之意。如果没有任何颜色，那是什么颜色呢？

这可难说了。如果你闭上眼睛什么也看不见，那是黑色，但是一张空白（blank）纸张往往是白色的。从这个理论看，blankness表达的还是原来的意思，即"空白"之意，而两种颜色——black和white——仅仅是对blank含义的两种不同解释而已。

更让你疯狂的是，我还有证据证明这一点。比如来自同一根词的bleach表示"使变白"，或者表示使物体变黑的任何物质。还有，bleak是bleach的一个变体，它曾经表示"白色的"。

这些语言学上的胡说八道其实比你想象的要普遍得多。比如down的意思是up。好吧，其实down的意思是hill（山），而山通常都是向上耸立的，不是吗？英国有一群山脉叫Sussex Downs。这意味着你可以climb up a down。

Fall down中的down，最初是off-down的意思，表示off-the-hill（下山）。因此，如果要说一个古代英国人从山顶上掉落下来，便会说fall off-down。但是懒惰的古代英国人为了省事，慢慢扔掉了off这个词。他们不说going off-down，而直接说going down。最后我们只得面对这样一个令人费解的结果，downs（山）在你的头顶（up），而going down hill（下山）实际上就是going down down。

不过，我们得先返回去讲blanks以及彩票。

很久以前抽彩票是这样的，你买一张彩票写上自己的名字，然后将它放进一个罐子里。彩票都卖光之后,把同等数量的彩票放进另外一个罐子里,其中只有一部分票上写着奖品的名称。

开奖的人分别从写有名字的罐子以及写有奖品的罐子里取出一张票。于是,在1653年,有文章对詹姆士一世的王宫里的情形做了如下描述:

> 这是一种彩票,下了大赌注的人可能抽到一个空白条(draw a Blank),而投注很少的也可能得到奖品。

因此,blank lottery tickets(空白彩票)就成为英国人的blank cheques(空额签名支票)以及美国人的blank checks在金融领域的反义词,虽然我们可以看出,美国人的拼写更古老一些。

Hat Cheque Point Charlie
衣帽间的傻瓜

几乎所有的英语单词都可以追溯到shah。

很久很久以前,波斯由shahs(波斯国王)统治。一些国王是得到善终的,另外一些则在战争中成了残废或死掉了,后者用波斯语表达就是 shah mat。Shah 到了阿拉伯语中还是 shah（词源学是不是很有趣？），到了通俗拉丁语就变成了 scaccus，到了粗俗的法语中变成了 eschec，复数形式为 esches，到了英语就变成了 chess，因为国际象棋（chess）就是"国王的游戏"，而国王在棋盘上是最重要的一个子。那么 shah mat 会怎么样呢？如果国王被将军，棋手仍然会说 checkmate（将死）。

国际象棋是有棋盘的，而棋盘还可以有其他的用途，因为你可以在上面布置些东西。比如，亨利二世记账时就会用到下面的与棋盘相仿的东西——escheker：

> 这是一个四边形的桌子，大约十英尺长，五英尺宽，人们可以围坐在四周，四个边上都有四指高的棱，以防桌面上的东西滑落下来。在它的上面亨利二世还会铺上一块布，这不是普通的布，而是一块有条纹的布，条纹彼此间距为一英尺或一掌宽，在条纹中根据其标定的价值放上相应的钱。
> ——《斯卡卡里奥对话录》（*Dialogus de Scaccario*），1180年

这个布置就像一个棋盘，亨利二世说的是法语，因此他称之为 escheker——这也是英国财政大臣被称为 Chancellor of the Exchequer 的原因。（由于混乱和愚蠢，escheker 中的 S 变成了 X）。

但是象棋和波斯国王的事可还没有结束,我们的游戏也远没有结束,让我们继续"信马由缰"地说下去。

要知道,如果对手"将你的军"(put you in check),你就没多少选择余地了。你必须赶紧用一招摆脱险情,否则就会被将死,棋就输了。这么一说,你就可以理解某人或某物被held in check是什么意思了。Checking 某人就是阻止他去做想做的事,因此你还可以用身体阻截(body-check)别人,而政府则会受到checks and balance(制衡机制)的约束(in check)。

后来,check或cheque开始用来表示能够预防事情出错的人。比如,佩皮斯在他17世纪所写的日记中提到过Clerk of the Cheque(王室警卫事务官),就是为皇家造船厂单独做账的家伙。他负责检查欺诈行为(check fraud),并且午餐做得很好。

> 我边走边询问一切是否顺利、生意好不好,走着走着就来到了Clerk of the Cheque的屋子,在那里吃了他做得很好吃的牙买加野猪肉。

从这里我们可以了解到,check有了"防止不诚实"的意思。例如,在hat-check[1]里,你会被check,以证明你没有偷他

---

[1] 餐馆、剧院或博物馆里供人们存放衣帽的地方。——译者

人的帽子。Bank checks（或写作cheques，银行支票）最初是用来代替promissory notes（期票）的，之所以得名是因为他能够check fraud（防止欺诈）。

大西洋两岸的国家开始都是用-ck来拼写bank checks。但是英国人可能受到了The Chancellor of the Exchequer的影响，依旧采用cheques而不是checks。这就产生了特别的词源效应。一张blank cheque（空白支票）是没有check的支票（cheque）。第一张blank cheque早在1812年就出现了，而最早的bouncing cheque（支票跳票）记录直到1927年才出现，这不得不说是个奇迹。

之后，我们就有了check off（清点，1839）和check up（检查，1889），然后就是莱特兄弟发明了飞机，我们从此可以在天上四处翱翔，而那些地面上为我们导航的特殊地标建筑被称为checkpoints。接下来，第二次世界大战爆发，飞行员训练完毕后都要接受检查或checkout（检验）。商店开始有了checkout（收款台），roadblocks（路障）变成了checkpoints（检查站），人们去找医生checkup（做检查），顾客离开宾馆要check out（办理退房手续）或者穿着checked shirt（方格衬衫）在check-ins（入口处）办理check in（登机手续），等等。亲爱的读者，你可知道所有这些单词、短语等都与"古波斯国残疾的国王"有渊源啊。

这些当然和Czech[1]Republic（捷克共和国）无关，因为捷克不是国王统治而是总统统治的国家，然而伊万·伦德尔[2]的老婆可以理直气壮地说她有一个Czech mate[3]。

Sex and Bread
性与面包

弗洛伊德曾说，所有的事情都与性有着隐秘的联系。而词源学家知道，性其实是与食物有着隐秘关系的。

例如，mating with somebody（与某人交配）最初的意思就是与其共享食物或meat（过去，meat不单单指肉，而是任何一种食物）。同样，你的伴侣（companion）是指那些与你共享面包的人（bread 来自拉丁语的panis）。

古英语用中，hlaf表示面包，由此我们有了loaf这个词。英国古代的劳动分工是女人做面包，男人保护面包，所以女人被称为hlaf-dige，男人是 hlaf-ward。下面就是这两个词的衍变过程：

---

[1] 发音同check。——译者
[2] 捷克前著名网球运动员。——译者
[3] 发音同checkmate。——译者

Hlafward and Hlafdige

Hlaford and Hlafdi

Lavord and Lavedi

Lord and Lady

而印度的面包通常都是 in the nude(裸体的)。要解释为什么,我不得不讲一下世界上过半的语言是怎么来的,至少得讲讲最靠谱的解释吧。

在很久很久很久很久以前,久到拿撒勒的耶稣诞生的 4000 年前,在黑海和里海的附近住着一群人,每当他们中的一个人死去,其他人就会将他或她埋在一个挖好的小坑内,后来被称为 the Kurgan Pit Burial culture(库尔干坑葬文化)。坟坑中还会有他们独特的陶罐以及一些新石器时代人都会留下的部分物品。

是的,我们叫他们库尔干人(Kurgans)。我们不知道他们怎么称呼自己,因为当时文字还没有发明,更不可能有互联网,所以我们不知道他们说的是什么语言,但是我们可以来一个合理的猜测,猜测的结果是他们说的语言叫作 Proto-Indo-European (原始印欧语系),缩写为 PIE。

库尔干人当时可能发明了马拉战车,并且将它用于扩张领地,只可惜他们的扩张方式就像无头苍蝇,乱作一团。他们从不集中力量攻打一个地方，而是分散开来，四处出击。有些人一直打到了印度的北部，有些奔到了波斯。有些人到了阴冷多雨靠近波罗的海一带，有些人则到了今天的希腊，成为希腊人。更有一些人迷了路，最后来到了意大利。总之，客气点儿说就是一团乱麻。

我们是根据从坟茔里挖出来的尸骨以及特殊的陶器等物来判断他们的去向的，但是我们感兴趣的并非这些陶器，而是随他们四处传播，在欧亚大陆散播开来的语言——Proto-Indo-European。

有人可能希望这会是"巴比塔"的反例[1]。但事实却不是这样的，这些不同地区的人逐渐发展出不同的发音，变音差异越来越大，最终导致他们之间互相听不懂对方的话。一百多年后，北印度地区的库尔干人已经完全不明白那些意大利表兄在说什么了。如果你想知道这是如何发生的，访问一下今天的格拉斯哥（英国城市），你就明白了。

古印度人称自己的爸爸为pitar，希腊人管爸爸叫pater，罗马人也把爸爸叫作pater。而德国人在发P的音时，莫名其妙发成了F，所以他们将父亲叫作fater，也就是今天我们所说的father，因为英语起源于古德语。

---

[1] Tower of Babel，圣经故事。上帝创造人类后，人们开始都说同一种语言。后来，人类想通过修建一座高塔直通天堂，上帝为了阻止人类，便让修建高塔的人操不同的语言，因为相互之间无法沟通，随作鸟兽散。——译者

同样，PIE中的一个单词seks变成了德语中的sechs，即英语中的six，拉丁语中的sex，梵文中的sas，希腊语中的hex（希腊人发s音都怪怪的）。

由于发音规则的存在，如德语中的P-F，希腊语中S-H，我们可以追溯到这些基本词的源头，这也是我们能够对原始印欧语系追根溯源、合理推测的原因。然而，事情也不总是那么简单。

上述的father和表示数字的单词的发音虽有变化，但表达的概念没有变，然而很多单词在传播中改变了意思，让我们看看原始印欧语系中的单词neogw，它的意思是unclothed（被剥光的，裸体的）。

在德语语系中（英语也在其中），neogw变成了naked。在拉丁语系中，neogw变成了nude。但是这个词传到波斯时发生了一件有趣的事，neogw居然与烹饪技术发生了关联。

我们都知道古波斯人是将肉类食物埋进热炭灰中烹制食用，而烤面包时就直接将面包放进烤炉里，上面不盖任何东西。他们仍然使用PIE的中negow来表达这个做法，因此就将面包称作nan。

Nan到印度后就变成了nann，如果你今天去印度旅行，走进一家印度餐馆，仍然可以买到可爱蓬松的叫作nann的面包。从词源上来说，nann可是裸体的意思啊。

有些面包的叫法更加离奇。Ciabatta（一种带脆皮的意大利面包）是意大利语中的slipper（拖鞋），matzoh（犹太人在逾越节时吃的无酵饼）的意思是sucked out（吸出来），pumpernickel（裸面粉粗面包）的意思是devil-fart（魔鬼放屁）。

而pumpnickel和partridge（鹧鸪）又有什么关系呢？请看下文。

Concealed Farts
掩饰放屁

约翰·奥布里的《短暂的生命》（*Brief Lives*）一书中记载着17世纪一位牛津伯爵的悲惨故事：

> 这位牛津伯爵在向伊丽莎白女王弯腰鞠躬的时候，碰巧放了一个屁，他感到羞愧难当，于是外出游历了七年。在他回来后，女王迎接了他，并说："My Lord, I had forgot the fart."（阁下，我已经忘记你那个屁了。）

Fart在释放时如此之快，而被人忘记却如此之难。虽然英语语言曾用了远超七年的时间让世界忘记它的flatulence[1]，但这个英文单词所表达的"味道"却是逐渐消失的（peter out）。

就拿peter out来说，没有人确切知道它的出处，但最让人信服的一种说法是它来自于法语的peter，意思就是fart。可以肯定的是，peter给我们带来了这样一个单词——petard（爆竹），即小型爆炸物，个中原因相信吃过豆子的人都明白。

但是，哈姆雷特说过，"Tis sport to have the engineer hoist with his own petard"（造炮的要是给炮轰了，倒是趣事一桩）。他当然不是在说那位可怜的工程师因为自己屁股喷出来的气体将自己送到了天上，而是说这位工程师被自己制作的炸药送上了天。这样一来，fart就没有原意中的味道了。

同样的情况也发生在fizzle out这个短语上。这个短语曾用来表示放屁（cutting the cheese），在19世纪的一本词典中被精妙地描述为an escape backwards（向后释放）。这本词典在描述fice时是这样写的：

> 一股小风般向后释放，鼻子比耳朵更容易感受到，老年妇女责怪坐在膝上的小狗时常常使用。

---

[1] 肠胃胀气，引申义为浮夸、自负。——译者

而fice其实来自于古英语的fist，它的意思同样是fart。在伊丽莎白女王时期，一只浑身散发着臭味的狗被称为a fisting cur，到了18世纪的英国，所有小狗都被叫成了feist，我们现在所用的feisty（好斗的）一词也是从这儿来的。小狗对谁都喜欢汪汪叫唤，后来那些骄横自负的女孩被称为feisty，这个词正是由之前"臭烘烘的小狗"演变而来的。如果你马上要去读一篇关于feisty heroine（蛮横的女主角）的影评，记住这一点就尤其重要了。

关于fart我们还得接着说。

有这样一个单词partridge（鹧鸪），它来自古法语的pertis，而pertis又来源于拉丁文perdix，当然perdix其实是出自希腊文的perdix，而希腊文中的perdix其实来自于希腊语中的一个动词perdesthai，意思是放屁（fart），因为partridge飞行的时候发出的就是这个声音。这种鸟飞的时候拍打翅膀发出的低沉而吵闹的声音就像排放体内气体的时候屁股发出的声音。

而让我们的屁股发出那种响声的食物有一个委婉美丽的称呼，叫作carminative（祛风剂），这个词曾经表示一种药，因为过去人们普遍认为farting有益身体健康，就像下面的歌谣中所唱：

Beans, beans, they're good for your heart
The more you eat, the more you fart;

The more you fart, the better you feel;

So let's have beans for every meal.

豆子啊,豆子,它们呵护你的心脏

你吃得越多,放屁就越多;

放屁越多,身体越好;

让我们每顿都吃豆子吧。

放屁有治疗作用这一观点最初带有一些诙谐的意味。人们认为人体内充满了物质,这些物质会使我们身体内部失去平衡,而放屁就像用梳子(comb)或硬纸片(card)梳理羊毛去除打结一样。在拉丁文中,a wool card(梳理羊毛的硬纸片)被称为 carmen,当然这个词和歌剧《卡门》没有关系,但却和 heckling(梳理)有同样的含义。

Wool
羊 毛

Heckling 一直都用来表示将羊毛上打了结的地方理顺梳通。我们看到的绵羊总是懒洋洋的,对它们的外表一副毫不关心的模样，所以要想让它们的毛变成漂亮、温暖的羊毛衫，人们得给它梳理毛发。

不难看出，combing（梳理羊毛）和teasing out the knots（解开打结的毛团）可以用作比喻意义，用于combing through an oration（梳理演讲词）或teasing the orator（戏弄演说家）中，但是它们之间的联系可能比这个更直接。要解释其中缘由，我们得追溯到苏格兰的敦提城（Dundee）。

敦提在18世纪是个十分激进的城镇，它是当时的羊毛交易中心，聚集了许多的heckler（诘问者），他们是当时最为激进的工人。他们自发形成了我们今天称之为工会的组织，利用集体议价来保证获得最大的收益和好处，而当时所说的"好处"大多是酒，但那却是大多数人想得到的。

Hecklers对政治也非常关心。每天早上，当大多数人在忙着剪羊毛的时候，其中的一个人就会站起来为大家读当日新闻，因此，他们对所有的事情都有自己强烈的观点，而当一些政治家和权贵给他们做演讲时，这些演讲词也会像羊毛一样被精心梳理（comb over）一遍。这就是heckling（诘问）一词的由来。

Wool在英语单词中无处不在。假如你有一部手机，你可能每天都在给你的朋友发短信，但却意识不到你实际上正在wooling your friends。别忘了，你现在就在阅读文章（reading a wool）。

还有，你是否意识到text和textile之间的联系呢？

当你用手机发送短信（woolly message），阅读文章（read wool）或引用圣经中的话语（wool）的时候，不要忘记这一切都要归功于古罗马的一位演说家——昆体良[1]。昆体良可算是当时最伟大的演说家，所以罗马的皇帝图密善（Domitian）就指派他教导自己的两位侄孙，他们是他未来的继承人。没有人知道昆体良教给了这两位小朋友什么，但是我们知道图密善国王很快就将他们流放了。

让我们感兴趣的是昆体良在《雄辩术理论》(*Institutio Oratorico*)一书中的两行文字。这是一本有关修辞学的鸿篇巨制，长达12卷，在书中，昆体良说你在选好了词句后，还必须将这些词精心编织为fabric（布），也就是in textu iungantur，直到你编成一个细致、精美的文本——text[ure[ile]]，或叫作textum tenue atque rasum。

我们一直都认可这种说法。我们将故事编织起来，精心修饰但却万万不能丢掉故事的主线（thread）。昆体良的这个比喻一直延续到现在。古典文学后期的作家们将书中的任何一个小的片段都称为text，我们后来用它来指所有用文字写下来的东西，接

---

[1] Quintilian，古罗马修辞学家和教师。——译者

下来有人发明了SMS信息。想一想书的大小都是由羊的大小决定的，这种羊皮大小的短信倒是非常合适的。

纸张（paper）是两千多年前中国人发明的，西方人直到14世纪才接触到这种发明。即使在那个时候，人们也只是把纸张看作东方的一个怪胎，英国的第一家造纸厂直到1588年才建成。

在纸张出现之前，读者只有两个选择，一是用埃及到处生长的纸莎草（papyrus）来记录文字。将纸莎草捣碎后可以制成类似纸张的东西，由于它跟纸张十分相像，后来的paper一词就是从papyrus来的。

可惜的是，当时的英格兰纸莎草很少，我们只好用另一种东西——羊皮（sheepskin）取而代之。即使是现在，你也可以用羊皮来造纸，下面就是制作方法：

1. 抓一只羊。
2. 杀了它，然后剥下它的皮。（这两者的先后顺序很重要。）
3. 用水将血淋淋的羊皮洗干净，然后将它放在啤酒中浸泡几天，直到羊皮上的毛全部褪去。
4. 将它展开，放在一个叫作tenter的木头架上晒干，为保证羊皮平展紧绷，需要用张布钩（tenterhook）将它固定住。
5. 一段时间过后，你会看到羊皮变成了近似长方形的形状，但有四个令人讨厌的凸起，这四个凸起就是曾经的羊腿。

6. 剪掉"羊腿"并扔掉。

7. 不断修剪剩下的羊皮，直到它变成一个规则的长方形。

8. 将其对折。

9. 这时你会得到一个与现代地图一样大小的四页对折纸（正反都可以用），也叫作一个对开页。如果想要多于四页的地图，你只需要宰更多的羊就行了。

10. 将地图大小的羊皮再次对折，你就会有一个类似现代百科辞典大小的八页羊皮纸了，接下来将这些纸张从顶部剪开以便于翻页，一个四开本就有了。

11. 再次对折。

12. 如果这块羊皮来自一只中世纪中等身材的羊，你就会得到一本硬皮小说大小的本子，现在叫作八开本。

13. 再次对折。

14. 你就得到了大众市场平装书尺寸的本子。

15世纪卡克斯顿（Caxton）开了自己的印刷厂，那时候他用的是羊皮不是纸张。造纸术引进后，生产的纸张大小必须跟已有的印刷设备相匹配，于是我们今天读的文章以及印有文章的书的大小都得取决于当年羊的大小。

当然，你可能正在用电子阅读器阅读本书，但电子书的大小就是模仿普通书的大小而设计的，你还是没有逃脱"羊"的控制啊。

"羊毛"在英语中处处可见。滑稽戏（Burlesque）舞蹈者们表演的戏通常荒诞可笑、无足轻重，其名字来自拉丁语中的burra，意思是一小撮羊毛（a tuft of wool）。Burras过去用来盖桌子，因此我们就有了bureaus（办公桌；局）一词，接下来就有了bureaucracies（官僚政治）。

此外，还有各种各样的羊毛：cashmere（羊绒），源自克什米尔（Kashmir）；Angora（安哥拉呢），来自安卡拉（Ankara），土耳其（Turkey）的首都。

Turkey呢，当然就是圣诞节必备的美味了。

Turkey
火鸡与土耳其

早期的美洲探险家们在长满木兰树的森林里经常听见成群的火鸡（turkey）的叫声，这是因为火鸡本来就出自美洲。火鸡其实是阿兹特克人（Aztecs）驯养并食用的。那它为什么以小亚细亚一个国家名而命名呢，这个事情有点儿奇怪，但却不难解释。

其实许多动物的名字也都被误叫了，比如几内亚猪（Guinea Pigs，又名豚鼠、天竺鼠），既不是猪，也并非来自几内亚。它是在南美洲的圭亚那（Guyana）发现的，在横跨大西洋进入欧洲的过程中有人将这个词误读，就变成了现在的Guinea。至于怎么又成了pig就有点儿匪夷所思了。

顶着头冠的珍珠鸡（Guinea fowl）也经历了同样的遭遇。Guinea fowl也叫Numidia meleagris（努米底亚火鸡），它并非来自几内亚，而是来自马达加斯加。这种鸟非常丑陋，它的头上有一个大大的骨质大包，因此被称为helmeted guinea foul（戴头盔的珍珠鸡），但是吃起来味道很不错。

因此人们开始将珍珠鸡从马达加斯加进口到欧洲，进口商大多来自土耳其，他们被称作土耳其商人（Turkey merchants），而他们带回土耳其的珍珠鸡就被叫成了Turkeys，但是，要说明一点，它并不是我们在圣诞节蘸着酱料与亲朋好友共同享用的"火鸡"，虽然同样美味，但我们圣诞节吃的是Meleagris gallopavo。

Meleagris gallopavo是西班牙探险队在木兰树森林里发现并引入欧洲的，它最先在西班牙大受欢迎，后来被引入北非。虽然Meleagris gallopavo与顶着头冠的珍珠鸡属于不同物种，但两种鸟长得非常相像。

这就给人们造成了困惑：这两种鸟长得差不多，味道都很好，并且都是由外地新近引入的美味佳肴。因此，人们干脆就把它们当作同一种鸟。这样一来，美洲森林里这种鸟也被称为了turkey，这样就给了人们一种错误的观念——turkey来自于土耳其。

当然，在土耳其国内，人们肯定不会弄错。土耳其人都知道这种鸟不是他们的，于是就走向另外一个极端，将这种鸟称为hindi，因为他们觉得这种鸟来自于印度。法国人也这么认为，他们将火鸡称为dindon或d'inde，意思就是"来自印度"。看来这种鸟是最让人摸不着头脑的鸟了，不过味道的确不错。

尽管火鸡直到1520到1530年期间才进入英国，但由于它的美味，到1570年时已经成为圣诞节的常规主打菜了。但这些都无法解释为什么人们有时会talk turkey（指说话直率）。事实上，是他们要求talk turkey，个中原委与一个古老的玩笑有关，虽然我担心这个故事不怎么好笑。

故事的主角是一只火鸡和一只秃鹰，可能现在也有人吃秃鹰，我不大知道。但是我见过的所有菜单上都没有这道菜，这不禁让我怀疑秃鹰是不是一种很臭的鸟，故事的关键就在这里。

有一天，一个白人与一个印第安人一同出去打猎。他们打中了一只美味的火鸡和一只秃鹰，于是白人对他同伴说："你如果拿走秃鹰，我就拿走火鸡，当然如果你愿意，我可以带走火鸡，你得到秃鹰。"

对此，他的同伴回答："You don't talk turkey at all."（你说话太含蓄了。）

这个故事在19世纪的美国十分流行，甚至当时的国会都引用过这个故事，至于有没有人笑就无从知道了。而且，由于它的流行还产生了另外两个短语。

到了1919年，talk turkey已经被做了改造：人们在中间加了一个形容词cold，变成了talk cold turkey。而talk cold turkey只不过比talk turkey更进一步罢了。它表示我们在讲话时，撇开表象直接进入事情的核心本质。talk cold turkey表示的是一种非常坦率、非常直接的说话方式。

几年后，到了1921年，人们开始用cold turkey来描述最简单、最直接的戒毒方式。

可见，cold turkey实际上与圣诞节过后吃剩的可怜火鸡无关，cold turkey从头到尾就不是什么食物，虽然听起来很像，但它指的是一种坦率的说话方式或者一种直接的戒毒方式。

然而我们有时会给人cold shoulder，这个可是"货真价实"的食物啊。

Insulting Foods
屈辱的吃食

世上的客人无非有两种：受欢迎的和不受欢迎的。当然，主人不会对你直接表明你是前者还是后者，但他们通常会做出点儿暗示。

如果你去别人家做客，主人为你准备了热气腾腾的美食，这就表明你非常受欢迎。而假如人家给你吃的是昨天剩下的残羹冷炙——比如一块羊的 cold shoulder（冷羊肩肉），那就是在告诉你，你是不该来的。

而更糟糕的是，主人可能给你准备了一份 humble pie，humble pie 是用 umbles（牲畜或鹿的内脏）做成的一种馅饼。下面这个食谱出自 1736 年南森·贝利（Nathan Bailey）的《家庭生活词典》（*Dictionarium Domesticum*）：

> 先将鹿的内脏用开水煮软，放一边冷却后将它们切成肉末，在肉末里面加上尽可能多的牛油、六个大苹果和半磅葡萄干，以及足够的糖；根据自己的口味加入调味料：盐、胡椒、丁香、豆蔻，搅成糊状，再倒入半品脱的白葡萄酒，一杯由一颗橘子和两颗柠檬榨出来的汁，然后做成饼状烤制，最后热腾腾地上桌。

当然，内脏是鹿身上最不好的部分。经过一天艰辛的狩猎，有钱的主人享用的是美味的鹿肉，而住在楼下的佣人只能吃用内脏做成的馅饼（umble pie）了，因此也被称为 humble pie（屈辱）。

Folk Etymology
俗词源

Umble 前面加个 H 变成 humble 这个例子很好地说明了什么是 folk etymology（俗词源）。有人不知道 umble 是什么意思，看到 umble pie 的时候当然一头雾水，后来又看到 umble pie 是下人吃的低贱食物，于是想当然地认为是有人拼写时把 H 漏掉了，于是决定将 H 加回去，这样 umble pie 就变成了 humble pie。这就是俗词源[1]。

A duckling 指的是 a little duck（小鸭），a gosling 自然就是 a little goose（小鹅），a darling（亲爱的）就是 a little dear，以此类推，一个站在重要人物旁边的人以前就叫作 sideling。

---
[1] 所谓"俗词源"，本质上就是一种对难解释词词源牵强附会的解释，可以看作是一种错误。——编者

然而后来，sideling 的来历就被人们遗忘了。到了 17 世纪，人们认为它应该是一个动词的现在分词，就像 leaping、sleeping 是 leap 和 sleep 的现在分词一样。但是这里出现了一个问题：找不到合适的动词能与这个名词相匹配。于是人们就造了一个动词，从此，一名 sideling 就成了悄悄走路（sidled）的人。当然，现在社会也没有那么多"尊贵的主人"或"童仆"，sideling 也就随之消失了。但人们还是会 sidle around（侧身走）或相互之间 sidle up（悄悄走近），这些词之所以存在，其实只不过是一种俗词源类型的错误和一个新词逆向生成的结果。

另外一种非常常见的形式是人们对拼写起来很奇怪或不熟悉的单词的改写，当然，这样的改写似乎更加合理。例如：法国人将一种爱睡觉的啮齿动物称为 dormeuse（睡鼠），意思就是 she who sleeps（睡着的动物）。英语中我们称这种动物为 dormouse，虽然它不是老鼠，也和 door（门）没有半点儿关系。这么叫的原因是英语中有 field mice（田鼠）和 town mice（城镇老鼠），当人们看见 dormeuse 这个词时马上就断定是有人不擅长拼写造成的，于是就把 dormeuse 改成了 dormouse。

Fairies（仙女）一词的出现或者消失与此同理。很久很久以前，人们都相信世界上存在着 fairies。她们住在树林里面而不是花园深处，在那里，她们可以玩各种各样神秘的游戏。她们会在晚上出来挤牛奶,藏在花间或树下,总之做好多事情来捉弄我们,让我们被大人抓住。我们将她们称为folks。冬天来临的时候,她们都喜欢戴手套(gloves),因此就有了,或曾经有过一种叫folks'glove的花。

但是后来,所有的fairies都死掉了(也许只是躲到了一个我们找不到的地方),人们很多年前就不再称她们folks了,因此folks'glove这个名字就显得有些怪异。一些聪明的家伙认为它们根本不该叫folks'glove,而应该是fox-gloves,因为这种花长着和狐狸一样小巧玲珑的"爪子",于是这个错误就产生了。这就是我们今天所说的foxgloves(毛地黄),而且,foxgloves还会沿用下去,直到有人犯下一个更"高明"的错误。

由于同样的道理,过去用来表示小龙虾的crevis一词,现在被拼读成了crayfish,虽然小龙虾看起来一点儿都不像鱼。还有,西班牙语中的蟑螂(cucaracha)变成了cockroach,而最有趣的变化莫过于印度语中的猫鼬(mangus),它变成了mongoose,尽管一只毛茸茸的、爱吃蛇的猫鼬与鹅没什么相似之处。

俗词源现象中也有一个例外,那就是butterfly(蝴蝶)。虽然蝴蝶与butter(黄油)的确有点儿关系,但没人能给出确切的说法。也许是因为蝴蝶喜欢在牛奶桶或者黄油搅拌器旁边飞?而且许多蝴蝶都是黄色的,这也许是个好的解释。但是还有一个听上去更加让人困惑的解释：蝴蝶跟人类一样，也要上厕所，蝴蝶的粪便是黄色的，就像黄油一样。

也许你会问，到底是什么样的家伙会仔细观察蝴蝶的便便并给它以此命名呢？答案是，似乎是、可能是荷兰人。不信，你看古荷兰语中就是用botershijte来表示蝴蝶的。

当然，你可以把我刚才的话当作胡扯（poppycock），但你要知道，poppycock这个词就是从荷兰语pappe-cack来的，它的意思是soft shit（软便）。

在读下一节之前，你能猜一猜butterfly和psychiatry、pasta有什么关系吗？

Butterflies of the World
全世界的蝴蝶

不知道什么原因，世界上所有语言在蝴蝶的名字上花的功夫比其他任何一种动物都要多，从挪威语到马来西亚语，表示蝴蝶的词语太多了。

马来语不像英语有复数形式，在英语中，我们表示复数通常只需要在单词的后面加上一个s即可，但是马来语就不同了，人们通过重复一个词来表示其复数,因此,tables用马来语的表达方式就是table table,这种复数表达还是有一定逻辑的,当出现的单词不止一个时,就表示它所指代的东西也不止一个。

这种方法对于马来西亚人来说很好用,只要原词的单数形式不是以自我重复的形式形成的就行。然而马来语中的"蝴蝶"正好是这样一个词。马来语用rama-rama表示蝴蝶,因此它的复数就成了rama-rama rama-rama。这还不算,马来语还通过重复动词表示强调,比如I really like在马来语中就是I like like,即suka suka。在英语中我们也偶尔这样说,比如有人会说,"I've got to,got to see the film."这一切都表明,要用马来西亚语表达I love butterflies的话,就是:

  Saya suka suka rama-rama rama-rama.(我非常非常喜欢蝴蝶。)

在意大利语中,蝴蝶被称为farfalle,你还能在很多超市里买到一种形状像蝴蝶并以蝴蝶命名的意大利面食。但是在意大利人之外,很少有人意识到它叫butterfly pasta,美国人甚至忽略了这个意大利名字,直接叫成了farfalle bow-ties,因为蝴蝶与bow-tie(蝶形领结)很像,紧急情况下说不定还可以当领结用呢。

俄罗斯人在着装上可没忘掉这一点,他们管蝶形领结叫蝴蝶。在俄语中,蝴蝶一般是指小女人,而蝶形领结、蝴蝶、女孩又都可以称作babochkas(跟babushkas一样)。

挪威阴冷的冬天根本就不会出现蝴蝶,到了温度仍然不高的夏天,蝴蝶破茧飞出来时,挪威人就称它们为summer-birds,或者somerfogl。

到了法国人那儿,他们毫无创意地把拉丁语中的papilio拿过来,称蝴蝶为papillons,之后某一天又灵光乍现,突然意识到他们在比赛或者竞技场里面用来给国王遮阳的大棚子与蝴蝶的翅膀非常相似,于是就把这种棚子也称作papillons,我们则称其为pavilion,这就是说伦敦大板球场的一端正落着一只蝴蝶呢。

蝴蝶为什么会有这么多精致典雅的名字?为什么没人去理会卑微的苍蝇(humble fly,正像这个词所表达的那样)、甲虫(biter)、蜜蜂(quiverer)或者有着讨厌名字的虱子(lousily-named louse)呢?似乎蝴蝶吸引了造词者们所有的注意力。

这或许是由于在许多各自独立但并无关联的文化中,蝴蝶都被想象为已从剪不断、理还乱的痛苦中挣脱出来的人类灵魂,正在五彩缤纷的来世幸福快乐地蹁跹飞舞。

毛利人和阿兹特克人都相信这种说法,在阿兹特克人的神话故事中,伊兹帕帕洛特尔(Itzpapalotl)是黑曜石蝴蝶之神,她是一个困在石头里的灵魂，只有通过另外一个名字拗口的神——泰兹卡特里波卡（Tezcatlipoca）的帮助才能获得自由。

古希腊人中也有这种信仰，希腊语中的蝴蝶叫作psyche，而Psyche就是灵魂女神普赛克。现在你还可以找到一首有关这个女神的寓言诗，名字叫《丘比特与普赛克》(*Cupid and Psyche*)，而且，她也是"心灵研究：精神分析"（study of the soul: psychoanalysis）的起源。

Psychoanalysis and the Release of the Butterfly
心理分析及蝴蝶的释放

造物这件事最让人激动的地方就在于我们可以为我们所创造出来的东西命名。如果不是因为可以给另外一个人套上你选择的大名，谁又会忍受得了婴儿的任意拉撒和养育他的昂贵费用呢？

有鉴于此，就可以想象一下西格蒙德·弗洛伊德正坐在他的书房里，思考着希腊神话里的灵魂女神和神秘的蝴蝶——Psyche。这就是他正在分析的东西，因此，他决定把他这个新发明称为psychoanalysis（精神分析）。Analysis在希腊语中表达的意思是release（释放），因此，弗洛伊德的新艺术从字面来讲就是the liberation of the butterfly（蝴蝶的释放）。多么美妙的名字！可能弗洛伊德对自己的发现太满意以至于懒散起来，所以我们现在所知道的其他大部分心理学术语都是属于荣格学说（Jungian）的。

卡尔·荣格（Carl Jung）是弗洛伊德的门徒。有一天，卡尔做了一个与性无关的梦，他很犹豫是不是应该把这么一件尴尬的事情告诉弗洛伊德。向一个精神分析学家坦白你做了一个天真无邪的梦无异于告诉你的奶奶你做了一个邪恶的梦。弗洛伊德听后勃然大怒。他质问是什么样的怪物居然没有做性梦？这简直让人难以置信，于是弗洛伊德断定荣格肯定是发了疯，他肯定做了性梦，只是出于害羞不愿承认而已。

而荣格坚持说他做的梦与性无关，事实上，这个梦的内容是关于他的爷爷奶奶被藏在一个地窖里的事情。因此他抛弃了弗洛伊德的泛性论（pansexualism，这不是一种有关烹饪[1]的罪过，而是将一切归结为性交），自立了荣格学说。

荣格在创造了自己的精神分析法后，自然而然就拥有了命名权。所以，是荣格决定将心理问题命名为complex（情结），而不是弗洛伊德。后来他又想出了introverts（内向者）和extroverts（外向者），最后，他意识到给事物命名是如此轻而

---

[1] pansexualism一词中的pan有"平底锅、烤盘"的意思。——编者

易举的事情，他又创造了synchronicity（共时性）和ambivalent（矛盾的）。之后，他就枕着这些伟大创造带来的荣誉与地下的先祖安眠在一起。

但是，心理学词汇最伟大的创造者和大首领既不是卡尔·荣格也不是西格蒙德·弗洛伊德，而是一个同样重要如今却鲜为人知的心理学大师理查德·克拉夫特–埃宾（Richard von Krafft-Ebing）。

埃宾比弗洛伊德大16岁，比荣格大35岁。但最重要的是，他是第一位开始记录病人不雅性行为的医生。

基于这些记录他写成了一本书，名字叫《性心理疾病》（*Psychopathia Sexualis*，1886）。这本书里充满了不光彩性行为的描写，因此大部分内容只能用拉丁语撰写，以免社会上的好色之徒染指。这样做是因为在当时，如果一个人能够聪明到看得懂拉丁文，就足以证明他不是一个变态（这一点可从来没人在好色的罗马皇帝卡利古拉面前提过）。

作为一名先驱，埃宾不得不到处发明些术语。在人类的历史长河中，人们都会去谴责那些犯了小过失的人，但却很少将他们进行分类。然而通过对《性心理疾病》的翻译，我们英语中才有了homosexual（同性恋）、heterosexual（异性恋）、necrophilia（恋尸狂）、frotteur（摩擦淫者）、anilingus（舔肛）、exhibitionism（暴露癖）、sadism（施虐狂）和masochism（受虐狂）这些词语。

Sadism这个词其实早就存在于法语中了。法国曾有一位名叫多纳西安·阿方斯·弗朗索瓦·萨德侯爵（Donatien Alphonse Francois Marquis de Sade）的作家很擅长写作，描述人们在床上对对方所做的各种恐怖事情。《索多玛的120天》（*One Hundred and Twenty Days of Sodom*）就是他的一本著作，类似这样触目惊心的书名足以让你感受到其中的恐怖。如果你还是无法想象萨德的书多么可怕，可以通过下面这个事情推断一下：20世纪30年代，一位名叫杰弗里·格勒（Geoffrey Gorer）的历史学家为了研究萨德，来到大英博物馆去查找关于他的资料，然而却被告知，这里有一条规定，"只有在大主教和两位监管人在场的情况下"才允许阅读萨德的书。

由于萨德臭名昭著，他最热衷的行为在法语中被称为sadism也就不奇怪了。但是心理学家埃宾还需要一个词来表示sadism的反面——masochism（受虐狂）。

利奥波德·冯萨赫-马索克（Leopold von Sacher-Masoch）就是给我们带来masochism这个词的人，但几乎没有什么人知道他。这其实也没什么奇怪。正当萨德侯爵手拿精装的本《索多玛的120天》迈着大步拍打着声望的屁股之时，穿着花边西装的利奥[1]

1　Leo，即马索克，是他的名字利奥波德（Leopold）的简称。——编者

则被人遗忘在一个破地窖中，对着他的书《穿裘皮的维纳斯》（*Venus in Furs*）黯然神伤。

《穿裘皮的维纳斯》是马索克的毕生心血。它描述了一个名叫塞弗林的小伙子和一位女士（这个词是我随意用的）签了一份合约：

> ……女主人有权按照自己的方式惩罚她的仆人，即使他只是因疏忽犯下小错，而且有权因为一时兴起或者仅仅为了消磨时间而去虐待这位仆人……

我们可以想象，当时《穿裘皮的维纳斯》肯定是一本深受读书俱乐部推崇的读物或很棒的受洗礼物。而现在，这本马索克的杰作只能因为地下丝绒乐队（Velvet Underground）的一首歌而出名，其实歌词与原著几乎没有什么联系，唯有"塞弗林"这个名字是相同的。

《穿裘皮的维纳斯》这本书主要是基于利奥的私人生活而写的。马索克遇到了一位名叫范妮·皮斯特（Fanny Pistor）[1]的女

---

[1] fanny有"屁股"之意，pistor有"活塞"之意。但Fanny作为名字时，是Frances的简写，有"自由"之意，所以Fanny作为名字也不少见。作者觉得这个名字荒唐，可能是因为他太博学了。——编者

孩，很少有女孩叫如此荒唐的名字吧。他俩签订了一个与小说中一样的合约，马索克假装女孩的仆人，两人共同前往佛罗伦萨。至于这段时间范妮·皮斯特打发了多少时间、是如何打发的，就没有详细记录了，大家也最好不要去想象了吧。

回到1883年，当时埃宾正在四处搜罗，为新归类的一种心理疾病起名字，他突然想到马索克的小说，在《性心理疾病》一书中他这样写道：

> 我觉得将这种不正常的性行为称为masochism是非常恰当的，因为作家马索克经常做这些变态的事情，只不过在他那个年代学界不知道这是一种变态而已，他写作的基础……他是一位如此有天赋的作家，如果激励他创作的灵感来源于正常的性感觉，他肯定可以获得真正伟大的成就。

埃宾用马索克的名字命名这个心理疾病的时候，可怜的利奥依然健在。显然，他对这个术语表示了恼怒。不过，说不定他也很享受被人羞辱呢。

The Villains of the Language
邪恶的语言

历史永远是胜利者写的。伊丽莎白时期的诗人约翰·哈灵顿爵士（Sir John Harington）曾写道：

叛国者永无昌盛日：你道为何？
一旦昌盛，谁人敢称之为叛国？

但是与语言文字相比，历史就显得公正多了，因为在语言文字中，什么乌七八糟的事物都可能冠以你的大名。当然，语言偶尔也有公平的时候，比如quisling这个词。

维德孔·吉斯林（Vidkun Quisling）曾经是挪威的数学天才，他甚至创造了属于自己的宗教。但是，"二战"期间，为了当上傀儡首相，他努力说服挪威向纳粹德国投降，这一行为让他陷入了万劫不复的"尴尬"境地。他成功地达成了自己的小算盘，但走马上任刚满10周，《泰晤士报》就出现一篇报道：

> 伟大的吉斯林（Quisling）成功地为英语增加了一个新词，对于作者们来说，Quisling这个单词就是上帝的礼物

啊。如果让他们负责为叛国者起一个新名号……几乎不可能找到比quisling更神奇的字母组合了。从听觉上看，这个词乍一听就能让人感觉到狡猾与阴谋。从视觉上看，这个单词以Q开头，真是"占尽了优势"，在英国人的心目中，Q一直是一个不正当、不确定的、不文雅的字母，女王陛下当然是个例外。Q总让人想起questionable（可疑的）、the querulous（爱发牢骚的）、the quavering of quaking quagmires（让人颤抖的困境）和quivering quicksands（让人颤抖的危险陷阱）、quibbles（吹毛求疵的）、quarrels（吵架）、queasiness（恶心）、quackery（骗术）、qualms（不安）和quilp（恶棍）[1]。

吉斯林（Quisling）这个名字成为卖国贼、内奸的代名词真是罪有应得。然而，语言文字可不是总这么公正。来看看这三个名字：Guillotine、Derrick和Jack Robinson，你觉得哪个名字是最卑鄙的呢？

---

[1] quilp一词来源于狄更斯的小说《老古玩店》，其中的人物Daniel Quilp是一个恶棍。——编者

Two Executioners and a Doctor
两个刽子手和一个博士

很久很久以前，绞刑是对罪犯最常见的惩罚。即便是伊丽莎白时代最伟大的诗人本·琼森（Ben Jonson）也曾被判处绞刑，他不过是犯了一个"小小的"谋杀罪。因此，当本证明自己可以读书写字后，他获得了神职人员的免死权（Benefit of the Clergy）得以减刑，免除一死。最后他得到的惩罚只是在大拇指上烙上了一个大写字母T，就被遣送回家面壁思过了。

这个T代表的是泰伯恩行刑场（Tyburn），它代表囚犯们被处以绞刑的地点。除此之外，我们甚至还知道本来要对本·琼森实施绞刑的刽子手的名字，他叫Thomas Derrick。

Thomas Derrick是个卑鄙小人。那个年代，申请做绞刑官的人并不多，所以埃塞克斯伯爵（Earl of Essex）只好给一个强奸犯开出优惠条件，如果他愿意做绞刑官，他的罪行就可以获得赦免，这位强奸犯就是Derrick。

Derrick是个坏人，但却是一名出色的绞刑官。或许事实上两者本来就没啥区别。而且，从某种意义上说，Derrick还是一位发明家，他利用绳子和滑轮创造出一个复杂的绞刑装置，而不仅仅满足于把一根绳子扔在横梁上完事。最具讽刺意味的是，

Derrick甚至在1601年亲手执行了埃塞克斯伯爵的死刑,虽然作为贵族,伯爵被允许"享受"直接砍头的待遇而不是被绞死。

这个故事似乎讲了一个什么道理,我却说不清楚是什么——如果想一想历史的长河让我们记住了Derrick而不是埃塞克斯,我们的伦理观立刻就凌乱了。Derrick发明的那套绳索结构后来用于在码头装卸货物,所以,现代起重机中有一种转臂起重机就叫derrick,它正是以那个强奸犯和行刑官的名字命名的。这个世界有时可真是不公平啊,我们再看看Jack Robinson就更能体会到这一点了。

为什么形容"事情发生得很快"要说"before you can say Jack Robinson",有三种解释。第一种解释是说,robinson是一个法语单词,意思是雨伞(因为在《鲁滨孙漂流记》中,主人公Robinson就有一把没什么用处的雨伞),而在法语中,表示"仆人、佣人"的单词是Jacques[1]。也就是说,当法国的富人们来到英国,他们会对英国阴雨绵绵的天气感到惊讶,然后大叫:"Jacques, Robinson!"(杰克,快拿伞来!)显然,这个理论没有任何实质性的证据。

第二种说法是,在19世纪早期的伦敦有这样一位怪人,他

---

[1] 在英语中为Jack。——编者

总可以在没有任何先兆的情况下神不知鬼不觉地离开一个聚会，甚至你还来不及知道他的名字，这位怪人就是Jack Robinson了。然而现有的证据并不能证明这个叫Jack Robinson的怪人的存在，所以第二个说法和第一个一样，不太可信。

第三个，也是最可信的解释是，这个短语来自于John Robinson先生，这个人确实真实存在，并在1660到1679年一直在伦敦塔当巡警。他主要负责执行死刑，并且坚定地奉行"死得要有效率而不是死得庄重"的理念。在他的监督下，罪犯列队而出，走上断头台，一斧子就被砍断头。罪犯还没来得及说上最后一句话，也没有机会号啕大哭，就一命呜呼了，更别提向行刑官喊冤了。就这样，在喊出Jack Robinson之前（before he could say Jack Robinson），他已经被砍掉了脑袋。

这样看来，"起重机"和"短暂的瞬间"都来源于残忍的刽子手。但是，guillotine（断头台）这个词却出人意料，它是以一个有趣、善良的人的名字来命名的。

Joseph-Ignace Guillotine（约瑟夫-伊尼亚斯·吉约丹）医生其实与断头台的发明没有任何关系，并且据我们所知，他是一位反对死刑的人。虽然我们无法确定是谁设计了第一个断头台，但是我们知道第一位制造断头台的人是一位德国大键琴制琴师，名字叫Tobias Schmidt（托比亚斯·施密特）。

断头台被叫作 guillotine 却是因为 Guillotin 医生的善良。据说，在法国大革命之前，穷人犯死罪一般会被判处绞刑，而贵族犯法则有权被判斩首，因为当时人们觉得斩首比绞刑痛苦少一点（至于他们是如何知道这一点的，我们就无从可考了）。所以，法国的穷人起身闹革命后，一个重要的要求就是获得被斩首的权利。

Guillotin 医生就是当时死刑改革委员会成员之一。他认为绞刑十分恐怖，而用斧子斩首效率不高。相比之下，来自德国的新玩意儿大约是当时给人痛苦最少、最人性化的死刑方式了。如果必须执行死刑的话，最好的方式就是用这个新设备。因此，Guillotin 推荐了它。

在接下来的辩论中，Guillotin 医生于 1789 年 12 月 1 日发表了一段不怎么明智的言论："使用我的机器，我能在眨眼之间砍掉你的头，而你却一点儿感觉也没有。"

巴黎人喜欢这句话，他们认为这句话很有趣。他们甚至为此创作了一首快乐的歌曲，因此 Guillotin 医生的名字也就永远和这个出名的杀人机器联系在了一起。Thomas Derrick 和 Jack Robinson 都是冷血的暴虐狂，他们的名字流传千古，虽与荣耀无关，但至少是以一种无罪的方式被人记住，但可怜的 Guillotin 家族却要因为"断头台"深感羞辱，只好改换姓名，这公平吗？

有时候在研究以某人名字而命名的发明时，我们很难确定到底是谁以谁的名字而命名的,是人以事物的名字命名,还是事物以人的名字命名呢?最明显的例子就是 Thomas Crapper,他是 crapper(厕所)的发明者。

Thomas Crapper
托马斯与厕所

有一种观点认为,crap 这个词是专门为冲水马桶的发明者 Thomas Crapper 而造的,还有一种观点认为不是。事实上,对这个问题的看法主要取决于你来自于哪个国家,这听起来似乎有点儿令人匪夷所思,因为 crap 这个单词的来源错综复杂,不过难不倒我,我可是这方面的老手。

首先要澄清一个事实,Thomas Crapper(1836—1910)其实并不是抽水马桶的发明者。世界上第一个抽水马桶的发明者是伊丽莎白时期的诗人约翰·哈灵顿爵士(之前我们在讲叛国者的时候曾引用过他的诗句)。

约翰爵士在萨默塞特郡凯尔斯顿的宅邸中安装了自己发明的抽水马桶。据说,他这个发明女王本人亲自尝试过。哈灵顿对自己的发明非常满意,甚至还写了一本关于马桶的书,书名是《老话新篇：茅厕的蜕变》(*A New Discourse Upon a Stale Subject: The Metamorphosis of Ajax*)，标题中用了 ajax 这个词，jakes 是伊丽莎白时期对厕所的俗称。

这本书的风格以及当时英国人拉屎的情形均可以在以下摘录的文字中窥见端倪：

> 尽管我们有各式各样的排便之地，以及大量可怜的人经受着巨大的痛苦来扫除清理便便，但是我发现，不仅在我混乱狭小的小宅里面，即使是在富丽堂皇的宫殿中，即使它明知跨过门这条边界就是死罪，它仍然不断刺激着我们的鼻子……既然这些无法避免的恶臭来自于我们每天制造的便便（它们可以很好地让我们记住我们是谁，以及我们该做的事情），因此，正如我前面所说，过去已经有很多的人开始设法改善这种情况了……而我认为（正如猩猩对它的小猩猩做的一样）我设计的东西是最合理的。

美国佬们在要去出恭的时候会说 going to the john，这被认为是为了纪念约翰·哈灵顿爵士，可惜完全不可能，事实上，john 和厕所扯上关系，是在哈灵顿死了一百多年后。

很有可能的是，john 其实是 jake 的一个变体，又或者我们只是喜欢用男孩的名字来代指家里那个臭烘烘的房间吧。

但哈灵顿的发明并没有流行起来。除非有下水道和自来水，否则抽水马桶不可能成为大众消费品，这就像有了电灯却没有电线，有了滑雪板却没有雪。

下水道和自来水是在19世纪中期才出现在英国的，而我们所认为的现代意义上的抽水马桶是爱德华·詹宁斯（Edward Jennings）在1852年取得的专利。

那么，Crapper又是谁呢？Thomas Crapper在1836年出生于约克郡，1853年，也就是詹宁斯获得专利后的第二年，他来到了伦敦，成为一个管道工学徒。他非常擅长修理管道，而19世纪50年代正是厕所行业的黄金时期。新建设的下水管道意味着每个人都可以冲走令自己尴尬的便便及其味道。生意红火了起来。

于是Crapper趁机开创了自己的公司Thomas Crapper & Co.，建立了属于自己的产品王国。他为抽水马桶的加水设计了浮球装置，这个系统很好地节约了水。同时他还发明了一个特别的装置，能够防止冲水时臭水回流回水箱。他果然高明，他的发明是马桶界划时代的创造。

Crapper牌马桶曾是威尔士王子的御用厕具，同时，威斯敏斯特教堂也大量安装了他公司生产的下水管道，如果你今天去威斯敏斯特教堂参观，还能发现Crapper的名字刻在下水道的检查井盖上。那个时候，Crapper这个品牌随处可见，然而，crap这个词在这之前就已经存在了。

所有的词典都声称crap这个词第一次出现是在19世纪40年代，但是实际上，这个词可以追溯到1801年。一位名叫J. Churchill的人写的一首诗中描写了军队里一名中尉上厕所的故事（他自称这是一个真实的故事）。这名中尉感受到"自然的召唤"（the call of nature，指内急），于是冲向厕所，却发现一名少校已经在那里了，少校是他的上级，他只能忍着。正当他快忍不住时，又跑来一名上尉，上尉也摆出官架子，真是让他痛不欲生。原诗如下：

> Just adding (for some only mind number ONE)[1]
> 'I,I shall go in, when the major has done:'
> The Sub, who was, now, a most terrible plight, in;
> And, not quite aware of priority S---ING,
> Squeez'd awhile; 'Well!' says he, 'then,the best friends MUST PART;'
> Crap! Crap!'twas a moist one! a right Brewer's ****!

---

[1] 这也是首次将number one用在如厕语境中。很多专家认为它是20世纪才有的说法。

And, finding it vain, to be stopping the lake;

'Zounds!' says he, 'then, here goes man! I've brew'd;

so, I'll bake.'

他补充说（对一些人这就是"一号"指令）

"我，我要用，少校用完之后。"

现在的中尉，极度痛苦中，

也不能讲先来后到了，他挣扎片刻，

"好吧！"他说，"那么，好朋友也要分手了。"

噗！噗！快要憋不住了，

他只好跑到小湖边

低声咒骂，"妈的，就在这儿解决吧！"

这首漂亮的小诗写在Thomas Crapper出生前35年，也就是说半个世纪以后，Crapper才成为一个管道工。所以crap肯定不是源于Crapper了。人们之所以这么推测或许与姓名决定论（nominative determinism）有关。如果你不幸被叫作Crapper，那除了干相关的工作，还能做什么呢？

然而，即使crap并不是由Crapper演化而来的，Crapper已经与crap唇齿相依了。在当时的英国，到处都安装了Crapper牌抽水马桶，并且每个马桶上面都用优美的字体写着Thomas

Crapper & Co.几个大字。但是在美国，几乎没人知道有Crapper这个人，甚至crap这个单词也没听过。

在整个19世纪，美国的文字中crap都无迹可寻，第一次世界大战前没有人知道crap一词。直到1917年，美国向德国宣战，并且派遣了28万士兵横跨大西洋参与战斗，这些士兵才在大西洋彼岸的大部分厕所里面看到了几乎无所不在的Thomas Crapper & Co.。

Crap、crapper、crapping around（做傻事）、crapping about（胡扯）这些词都是在"一战"过后才出现在美国的。这么看来，尽管在英国crap与Crapper这个人没有关系，但在美国crap的确与此人有关。Crapper虽然没有创造这个词，却将这个词传遍了全世界。

Mythical Acronyms
神秘的缩略词

再来一节同样话题的讨论，你能忍受吗？好的，因为还有一档子事儿我们得解释清楚，那就是shit和fuck是怎么来的？更确切点儿说，是SHIT和FUCK的来历。

你也许已经听说过这样一种说法：这两个单词都是首字母缩写。这显然是无稽之谈。

他们解释说，粪便会释放甲烷——这一点倒是没错。接下来的故事是这样的：在用货船运输粪便时，必须将它们储存在船的顶部，因为若在货仓内储存，粪便释放的甲烷会逐渐累积到爆炸的程度，因此粪便送上货船前，装粪便的麻袋上都会盖上印章，印上 Store High In Transit 这句话。后来，这句话缩略为 S.H.I.T.——这就是 shit 这个词的起源。

这个故事编得活灵活现，可见编故事的人多么有想象力，可惜的是，这个解释就是狗屎。真要解释 shit 这个词需要追溯到古英语的动词 scitan（意思和今天完全一样），再往前就可以追溯到原始日耳曼语单词 skit（现在德国人仍然说 scheisse），继续向上追溯就到了公元前 4000 年的古印欧语词 skhei，它的意思是分离（separate）或分开（divide），或许就是表达人们每天都要与自己的粪便分开之意。Shed（即英文歌曲 Shed Your Skin 中的 shed，意为脱落）和 schism（分裂）这两个词也来自同一个词根。

奇怪的是，当古印欧语系来到意大利半岛后，人们开始用 skhei 来表示 separate 或 distinguish（区分）之意。如果你可以将两个事物区分开，就说明你 know（了解）它们，所以拉丁语中的 know 就是 scire。从中你还得到了一个拉丁单词 scientia，它的意思就是knowledge（知识），而从scientia我们得到了今天的science（科学），所以科学从词源上来说就是shit。而knowing your shit从词源上来说就是你十分擅长物理和化学。

同样，conscience也来自于同样的词根，而I don't give a shit表示"一点儿都不在乎"也就合情合理了。

我们还需要澄清关于另外一个缩略词的荒诞解释：fuck是一个法律用语。很多人都相信这种说法：过去，性爱会让你锒铛入狱，你会被控告非法性交（For Unlawful Carnal Knowledge）[1]并被送上法庭。但此类说法并不符实，英国的法律中也从来没有这一条。

首个文字记载的fucker居然是一些修道士。15世纪的一首匿名诗歌里写到，英国的伊利市（Ely）[2]有一个修道院，里面的修道士养成了一些不良习惯。这首诗由拉丁文夹杂着英文写成，而与我们的话题有关的只是其中的一部分：

  Non sunt in celi

  Qui fuccant wivys in Heli

---

[1] *For Unlawful Carnal Knowledge* 为范海伦乐队于1991年推出的一张专辑，因首字母连起来为FUCK而引发了不少的争议。此处也许并非真的有这样一条法律，只是作者信手拈来的幽默。——编者

[2] 位于英国剑桥郡，以著名的伊利大教堂（Ely Cathedral）闻名。——编者

意思是：

> 伊利那些与妻子性交的人
> 他们没有在天堂

现代拼法的fuck第一次出现是在1535年，而这一次的主角却是大主教们。根据当时作家的记载，大主教们may fuck their fill and be unmarried（可以尽情性交并保持单身）。在以上两个记录之间，我们还发现牛津大学布雷齐诺斯学院（Brasenose College）院长曾在一篇文章中提到了fuckin Abbot（性交的修道院院长）。这就意味着中世纪教堂对单身规定并不怎么重视。

还有一些学者将fuck追溯到了更早的根源。词源学家卡尔·巴克（Carl Buck）声称他发现了一个1278年的记录，当时有一个人的名字就叫John Le Fucker，而且他还挺喜欢这个名字，但到目前为止，没有人找到相关的资料，所以好多人怀疑这是巴克开玩笑杜撰的故事。即使确实有John Le Fucker这个人，他的名字也应该是John Le Fulcher或者John the Soldier.

在我看来，首字母缩写大部分只是虚构的故事罢了。比如posh并不是Port Out Starboard Home（出发左转舵，回家右转舵）[1]的缩写，wog也并不代表Wily Oriental Gentleman（狡猾的东方绅士）[2]。曾经有一个非常有名的阴谋集团（cabal），它是由克利福德（Clifford）、阿林顿（Arlington）、白金汉（Buckingham）、阿什利（Ashley）、劳德戴尔（Lauderdale）[3]五人组成的，他们曾阴谋对抗查理二世。这些单词的首字母正好组成cabal，但这只是一个巧合罢了，cabal一词其实早在几个世纪前就已经存在了。

但有些首字母缩略词确实存在，只是你常常意想不到，其中就有一个隐藏在电影《音乐之声》（The Sound Of Music）里面，并与施洗者约翰（John the Baptist）有直接关系。

John the Baptist and *The Sound of Music*
施洗者约翰和《音乐之声》

大约两千多年前有一位非常体面的夫人，名字叫作伊丽莎白，在她怀孕的时候，她的丈夫突然就失声了。直到孩子出生，他一

---

1 英国统治印度时期印在英国与印度之间往来传票上的一句话，左转舵是出发去印度，右转舵是从印度返回英国。——编者

2 该短语同样出自大英帝国时代。值得注意的是，英语中的oriental用来形容具有东方地理特征的无生命体，如果被用来形容人，可被看作是一种蔑视。——编者

3 此五人为英王查理二世时期最有权势的五位大臣，他们结成党羽，掌控英国的内外事务。——译者

直像一个筒仓一样默不作声。孩子取名为约翰,他长大后开始对周围人说他们很淘气,并将他们扔进河里。如果放到现在,如果我们也来这一手,肯定立即被警察带走。但约翰却安然无恙,而且他试图淹死别人的行为竟然被视作神圣之举,信不信由你。当时人们称他为"施洗者约翰"。

七百年后,又有一个人失声了,或是患了严重的喉疾。他是一个意大利人,有一个笨拙的名字叫执事保罗(Paul the Deacon)[1],他为施洗者约翰写了一首有韵律的祷告词,原文如下:

> Ut queant laxis
>
> resonare fibris
>
> Mira gestorum
>
> famuli tuorum,
>
> Solve polluti
>
> labii reatum,
>
> Sancte Iohannes.

让你的仆人吟唱你的伟大奇迹,

用他们柔美的嗓音和圣洁的唇,圣约翰

---

[1] 意大利历史学家、诗人,生于720年,逝于799年。主要著作为《伦巴第人的历史》(*Historia Langobardorum*)——编者

到了14世纪,有人将这首诗编成了曲子。他(或者是她)写了一首好听的、音调逐渐升高的曲子,每一句头一个音的音调都比上一句最后一个音的音调高,直到Sancte Iohannes一句,音调再降到最低。

也就是说,第一个音调在Ut这个音节上,第二句以resonare中的re开始,接下来是Mira中的Mi,然后是fa、So、la……

但是有个问题,Ut这个音节太短,唱歌的人很难把握住,不信你试一下。因此Ut就被改成了Do[Do也或许代表拉丁语中的Dominue(上帝)一词,但无法考证],这样一来,就有了Do、re、Mi、fa、So、la,再往下就有了Si,代表Sancte Iohannes。又有人提出以S开头的已经有了So,这样就有两句都以同一个字母开头了,于是Si就换成了Ti。

Do re Mi fa So la Ti Do

这就是为施洗者约翰所写的圣歌的缩写版。这种缩写的技巧是由一个叫圭多·阿雷佐(Guido d'Arezzo)的家伙发明的。

所以,Do并不是一头鹿,一头母鹿,re也不是一缕金色的阳光。《音乐之声》里特拉普(Trapp)一家被无情地欺骗了。

可怜的Ut被丢进了历史的故纸堆,或者说几乎被丢进了历史的故纸堆。还好它以另一种方式又幸存下来。最低音用希腊字母来写的话，就是 gamma，因此音阶中最低的音曾经被称为 gamma 或者 ut，那么全音阶（whole scale）就被称为 gamma-ut。所以，当你要表达贯通全音阶（或覆盖整个范围）的意思时，不但可以说"go through the whole scale"，还可以说"run through the gamut"。这些都来自于教堂音乐，就像 organised crime（有组织犯罪），当然就是"在教堂风琴上实施的犯罪"（crime played on a church organ）。

Organic，Organised，Organs
有机的，有组织的，器官

　　从词源学的角度看，organic food 是在教堂管风琴（church organ）中长出来的食物。Organised crime 就是由风琴演奏者（organists）所犯下的罪行，多么令人费解！

　　我们还得从头讲起。很久以前，古希腊人有个词叫 organon，表示"用来完成工作的某个东西"（something you work with）。因此，oraganon 可以是一件工具、一个器具、一件乐器或者身体上的某个器官。眼下，我们只讨论有关音乐的事儿。

Organ最初指的是任何一种乐器，直到公元9世纪，人们认为每个教堂必须得有一件pipe organ（管乐器），正如诗人德莱顿所说："What human voice can reach the sacred organ's praise?"（什么人的嗓音能达到神圣的管乐之美？）

逐渐地，pipe organ中的pipe就被丢掉了，只用organ来表示管乐器，而其他的乐器就不叫organ了（除了口琴——mouth organ，你仔细想想这个词还有点儿粗俗呢）。因此，现在organ仅用来指代教堂中的乐器。

现在我们回头再说希腊人，他们所说的organ继续表示"用来完成工作的某个东西"，因此也就可以指身体的某个器官。有个古老的玩笑说："Why did Bach have twenty children? Because he had no stops on his organ."（为什么巴赫有20个孩子？因为他的器官从来没有停过。）

各种organ组合起来就形成了organism（生物体），那么由organism产生的自然应该被称为organic（有机的、器官的、组织的）。到了20世纪，我们在不够绿色的土地上使用人造化肥进行粮食生产，并将这种生产方式与有机耕作（organic farming）区分开来，因此也有了organic food（有机食品）。

人体的构造不仅美妙而且高效（至少我的是这样）。每个器官都有自己的功能。比如我的手用来拿杯子，嘴巴用来喝水，肚子用来装食物，肝脏用来排毒，等等。心脏，头，肺，肝，肾以及结肠，每个器官都各司其职，其结果就构成了这个完美的我。亲爱的读者你说是吧？

我们再就此打个比方，假如你安排一群人，分配给每个人相应的职责，那么你就是在让他们像人体的器官（organs）一样工作。也就是说，你在组织（organising）他们。

那么organization就是一个让每个人像人体的器官一样各负其责的组织。这个意思上的转化发生在16世纪，那时body politic（指在政府领导下组成一个政治集团的人民）这个比喻大受欢迎。然而，有组织的犯罪行为直到1929年才在芝加哥出现，那时阿尔·卡彭[1]就是那些mob（正式名称为mobile vulgus，指暴徒，mob是它的缩写形式）的头目。

Clipping
截成词

Mobile vulgatus或mobile peasants这样的短语可以缩略为mob，这种构词方式在英语中叫作clipping（截短法或截成词）。

1　Al Capone（1899—1947），黑帮教父，芝加哥王。

你可能根本想不到英语中还有很多类似的词，比如：

Taxi cab（出租车）= Taximeter cabriolet（装有计价器的车）

Fan（粉丝）= Fanatic（狂热的入迷者）

Bus（公交车）= voiture omnibus（轻便马车）

Wilco（收信照办）= Will comply（会按照要求回应）

Van（厢式货车）= Caravan（旅行拖车）

Sleuth（侦探）= Sleuthhound（一种嗅探犬）

Butch（粗鲁的男人）= Butcher（屠夫）

Cute（可爱的）= Acute（急性的，敏锐的）

Sperm whale = Spermaceti whale（抹香鲸）

Film buff = Buffalo（影迷）

Buffalo
水　牛

　　Buffalo（水牛）怎么会代表"狂热者、热心家"（enthusiast）？这种动物又是怎么和"音乐迷"（music buff）扯上关系的？

要回答上述问题,你首先得明白此buffalo非彼buffalo,而且buffalo与很多英语词一样来历非凡。

古希腊语中的boubalos用来表示非洲的一种羚类动物。Boubalos后来变成了buffalo,用来指各种被驯化的牛。因此我们现在还用这个词表示水牛(亚洲水牛)。欧洲的任何一种牛以前都曾经被叫作buffalo。

接下来,buffalo经历了与turkey同样的遭遇。探险家们来到北美,看到一种野牛(bison),于是想当然地认为它们与欧洲的牛是同一个物种。从生物学上来讲,这两种动物毫不相干,现在你如果把北美野牛叫作buffalo,生物学家肯定会对你翻白眼,但那又如何。

现在让我们跨过大西洋重新回到这些欧洲牛的身边。它们被称为buffalo,经常缩写为buff。在过去,欧洲的这些牛会被宰杀、剥皮,剥下来的皮也就被叫作buff,或者buffe leather。

这种软牛皮非常有用,可以用来擦东西,我们现在也用buff表示把东西擦得亮亮的。被擦得很亮的东西看起来非常好,因此我们现在也把那些整天在健身房里像疯狂的沙鼠一样四处奔忙的人叫作buff。

奇怪的是,这种牛皮颜色非常白,事实上跟人类的皮肤颜色很接近。因此裸体的人也被称为in the buff,因为他们看上去就像穿着牛的皮一样。

因为面料非常结实，过去的确有人穿这种牛皮做成的衣服。比如，19世纪纽约的消防员穿的工作服就是用牛皮做的，因此这些消防员也经常被称作buffs。

在纽约，消防员可以说是大英雄。每个人其实都喜欢围观火灾，过去，一旦纽约的大楼出现火情，消防员就会出动，大批的纽约市民就会聚集起来为消防员助威。还有人专门从别的城市跑来，就为了看救火，男学生还痴迷于消防员灭火的技术。这些着迷的男学生也被称为buffs。1903年《纽约太阳报》曾这么解释：

> Buffs指的是对火、救火和消防人员极度热爱的男人或男孩。

因此到了现在，我们用film buffs、music buffs指那些对电影或音乐极度热爱的人，当然，我们还有很多类似的expert buffalos（指对某专业极度狂热的人）。

在纽约州大西边的尼亚加拉河畔有一座城市叫作Buffalo，这个名字有点儿奇怪，因为这里从来都没有过北美野牛。虽没有野牛，但尼亚加拉河非常漂亮，城市的名字最大可能是来源于法语的beau fleuve，意思是beautiful river。但是让我们设想一下，

Buffalo城是有野牛的。如果伦敦的鸽子叫作伦敦鸽子,加利福尼亚的女孩被称为加利福尼亚女孩,那么你在Buffalo发现的任何野牛也应该被称作Buffalo buffalos。

Buffalo是一种体形庞大的动物,所以最好不要惹怒它们。因此美国有个俚语叫作to buffalo,意思是to bully(欺负)。也就是说,如果你在尼亚加拉河畔的那座大城市里欺负野牛,用英语来说就是buffaloing Buffalo buffalos。

当然,你还可以继续说下去。水牛城大学(University of Buffalo)的一个语言学家就是这么做的。他创造了一个情境,如果他所在的城市的野牛被同一城市的其他野牛欺负,这些野牛就会转而欺负这座城市里的其他野牛,于是就有了:

Buffalo buffalo Buffalo buffalo buffalo buffalo Buffalo buffalo.

是不是绕糊涂了?其实语法并不难,看看下面的版本就好理解多了:

Buffalo bison [whom] Buffalo bison bully [then] bully Buffalo bison.

这是英语中只用一个单词组成的最长却语法正确的句子。词语迷们（word buffs）最喜欢啦。

Antanaclasis
同字双关

从修辞手法看，"Buffalo buffalo Buffalo buffalo buffalo buffalo Buffalo buffalo."这个句子就是一个 antanaclasic，意思是重复使用一个词的不同意思进行表达。自有语言以来，人们一直都在用双关语玩文字游戏。罗马人发明了这个拉丁句子：

Malo malo malo malo.

意思是：

I would rather be in an apple tree than be a bad boy in trouble.
我宁愿躲在苹果树里也不要做一个惹了麻烦的坏男孩。

如果你认真去思考的话，罗马人的句子或者水牛城的野牛的例子都不能与中国的汉语所能达到的效果相提并论。汉语是用声调变化来表意的语言,通过稍微变换一下声调就能改变一个词的意思。如果利用这个优势来仿造 Buffalo buffalos 和 malo malo 的话,你会创造出一个更长的句子。一个美国的华裔语言学家[1]就以此创作了一首诗,用西方语言记录如下:

Shí shì shī shì Shī Shì, shì shī, shì shí shí shī.
Shī shì shí shí shì shì shì shī.
Shí shí, shì shí shī shì shì.
Shì shí, shì Shī Shì shì shì.
Shī Shì shì shí shī, shì shī shì, shǐ shì shí shī shì shì.
Shì shí shì shí shī shī, shì shí shì.
Shí shì shī, Shì shí shì shì shí shì.
Shí shì shì, Shì shí shì shí shì shí shī.
Shí shí, shí shí shì shí shī, shí shí shí shī shī.
Shì shi shì shì.

这首诗歌的中文原文为:

1　即中国学者、语言学家赵元任(1892—1982)。该诗作于20世纪30年代。——编者

石室诗士施氏，嗜狮，誓食十狮。

施氏时时适市视狮。

十时，适十狮适市。

是时，适施氏适市。

施氏视十狮，恃矢势，使是十狮逝世。

氏拾是十狮尸，适石室。

石室湿，氏使侍拭石室。

石室拭，氏始试食是十狮。

食时，始识是十狮，实十石狮尸。

试释是事。

这是同字双关的极端案例。然而，与 buffalo 的句子一样，这首诗并没有什么实际意义，即使对中国人来说，不经解释也是听不明白的。

China

中　国

西方人觉得中国话太难说了，而中国人则认为西方语言不好发音。19世纪时,英国商人遍布中国进行鸦片贸易,他们发现中国人居然连business这个词都不会说,中国人的发音是pidgin,因此那些听起来古怪的殖民地方言现在仍被叫作pidgin English(洋泾浜英语)。

由于中文发音对我们来说太难了,因此遇到一个中文词,我们不像对待法语单词那样直接采纳,而是屈从于翻译。你会说xi nao这个词吗?还好你根本不需要会,因为我们已经把它翻译成brainwashing(洗脑,本是佛教冥想的一种形式)了。我们也不会因为发不出tiu lien(丢脸)的音而丢脸,而是将其翻译成了lose face。Tsuh lao fu(纸老虎),我们翻译为paper tiger。

虽然如此,还是有一些中文辞原封不动地进入了我们的语言,这些词多半与美食有关,而且它们没有被翻译成英语,多半来讲是个好事情。Kumquats(金橘)和dim sum(点心)这两个词例外,如果英语国家的人知道它们的中文意思是golden orange和touch the heart,可能会更加趋之若鹜,然而其他的词就另当别论了,比如fish brine就不会有ketchup[1]好销售,odds and ends(基本就是剩下不要的东西的意思)就不像chop

---

[1] 此处ketchup对应的中文或为潮汕话里的"鱼汁",即一种叫"鱼露"的调味品,由英国人引入欧洲,加以各种改造,与当初的"鱼汁"早已大相径庭。——编者

suey（杂碎）那样带有异国风情，还有，如果人们知道tofu就是rotten beans（腐烂的豆子），估计就没有人会去吃了。

尽管中文在西方人听来非常奇怪，但是我们的语言在某些方面还是有关联的，当然这种关联并不是由于它们有内在联系，而是因为人类创造语言的方法是相同的，比如通过模仿声音。中文用miau（猫）来表示cat就能很好地说明这一点。

还有一个真正的怪事，中国人用fei（费）来表示fee（费用）。

Coincidences and Patterns
巧合与模式

波斯语用bad表示"坏的"，乌兹别克语用chop表示"剁、砍"，已经灭绝的Mbaram语中称狗狗为dog。玛雅人用hole表示"洞"，韩国人表达"许多"用的是mani。在兴都库什山区，阿富汗人要向你展示一个东西时，他们用的就是show这个词，古代阿兹特克人用纳瓦特尔语中的huel表示well。

再傻的人也能从上面的例子看出世界上所有的语言都存在某种联系。但是，稍微有点儿脑子的人也都明白这种相似只不过是巧合而已。世界上有那么多语言，也有那么多词汇，而发音变化却是有限的。因此，出现发音一样的词就不可避免了。

要想证明两种语言有联系，需要表明它们之间遵循一定的变化模式。如果只是说拉丁语中的collis与英语中的hill都有两个L，这根本无法证明什么，也无法让任何人信服。但是你却可以举证：好多以硬音[1]C开头的拉丁词在德语和英语中的对应词都是以H开头的，而其他的辅音则没有特别的变化。因此，拉丁语中的cornu翻译成古德语和古英语就变成了horn。如果你还能展示一系列同样的变化，就可以断定这些语言之间是有联系的。让我们来演示一下。

英语中的horn of hounds应该是拉丁语中的cornu canum，horn of a hundred hounds 就是拉丁语中的cornu centum canum，那么hundred-headed hound with horns 在拉丁语中应该是 canis centum capitum cum cornibus。依此类推……

大家都看明白了吧！

从C到H的变化是区分拉丁语和德语的众多变化中的一个，这些变化统称为格林法则（Grimm's Law），是由一个叫雅各布·格林（Jacob Grimm）的人发现的，他就是大名鼎鼎的格林兄弟中的一员，大部分时间却在为我们收集童话故事。

---

1 指发辅音时爆破的辅音。——编者

格林法则中还有其他一些变化规则，例如，拉丁语中的P在德语中都变为F，（当然，在很多英语词中也是同样的变化），这就解释了为什么paternal pisces会变成fatherly fishes。

如果你知道语音转变现在还在上演，上述变化就不难理解了。比如，伦敦东区的人们一百多年来都不发H音。那么house of a hundred hounds in Hackney在伦敦东区就被读为，'ouse of an 'undred 'ounds in 'Acne。还有，现在分词末尾的G在伦敦东区也被扔掉了，因此humming and hawing就变成了'ummin' and 'awin'。

关键问题在于他们还把这种变化坚持到底。拿听音乐来说，没有人会说他们在听'ip hop或者hip'op。你要么把H音发出来，要么就都不发。一旦一个H不发音，所有的H都不发。

当然，现在伦敦东区人说的仍然是英语。假如有人在东区周围建一个大城墙，任何人不得进入，几百年后被围在里面的人或许会在发音上产生越来越多的变化，直到有一天世界上其他地方说英语的人都听不懂他们所说的话了。

这会不会成为可能呢？

没有人确切知道交通运输和社会交流在语言的分化中起到了什么作用。从表面看来，由于所有人都生活在电视的控制之下，不同口音的发展似乎不太可能了，然而事实并不像看起来那样。比如，美国有一个"北方城市元音大推移现象"（Northern Cities Vowel Shift），底特律和水牛城的人们把block发音为black，cot发音为cat。这样一来，A的音就被挤走了，cat就变成了cee-at。由此推断，底特律的人会将一本非常有名的儿童书 *The Cat in the Hat*（《戴帽子的猫》）读成The Cee-at in the Hee-at。

语音的变化有时很难琢磨。不同于伦敦东区，牙买加人发音是不仅不丢掉H，还特意加上H音。口音很重的牙买加人会在每个元音开头的词前加上一个H，如果要说add an aitch onto any word，就变成hadd han haitch honto hany word。在新西兰，E变成了I，所以他们把have sex说成是have six。虽然在英国，medal确实是metal做成的，但在美国，metal就被发成了medal的音，因此美国的medal就是medal做成的。

当然，这些规则并不是无一例外，但它们还是比你想象的要好用得多。再者，虽然一些词语在英语中变短，意思也发生了变化，但你不能随便拿一个英文单词，应用一下转变规则，就把它变成一个地道的意大利词。尽管如此，我们不否认所有的欧洲语言之间都有着紧密的联系，一些基本词如father、eyes、heart等，它们的对应词如同它们的兄弟姐妹，很容易在其他语言中被识别出来。

这是多么神奇的事儿，尤其考虑到欧洲大陆在历史上多次被操着法兰克语（Frankish）的野蛮人蹂躏。

Frankly, My Dear Frankfurter
坦白说,我亲爱的法兰克福特

很久很久以前,有一个部落名叫Franks(法兰克)。他们入侵了欧洲西部的高卢,并将其称作Franc[k]e.

他们残酷压迫高卢当地的人民,强迫他们吃大蒜、听约翰尼·哈里戴(Johnny Hallyday)的唱片。只有法兰克本族人才有自由,可以说只有他们是enfranchised(被赋予权利的),他们可以自由发表言论,或者是speak frankly(直言不讳地说话),其他人则是disenfranchised(被剥夺了权利的),也不能通过franking(盖上标记)对事物表示认可。

法兰克人是怎样到达法国的?要去法国,他们必须穿过美因河。这个不成问题,他们发现了一处浅滩(ford)并在那儿涉水(ford)而过。这个地方就是现在的Frank-ford on the Main,用德语来说就是Frankfurt am Main(美因河畔的法兰克福)。

法兰克福现在是德国有名的经济中心,巧的是,它与一种廉价香肠的名字相同,这种香肠就叫frankfurter。无独有偶,hamburger也是来自一个名叫Hamburger的城市,hamburger里面其实并没有ham(ham是火腿,现在制作的汉堡中几乎都看不到肉星)。还有一例,Berlin有一种甜甜圈叫作berliner,美国总统肯尼迪有一句名言——"Ich bin ein Berliner"（我是柏林人），德国人听到这句话肯定觉得好笑。

再回到古代法国，那时候法国主要出口的是祭祀时用的香（incense），因此用于宗教仪式的香就被称为frankincense；至少还有一个法兰克人成了横跨大西洋的征服者，他仍然保有"南部自由地主的儿子"的称号，这个称号被翻译成了Benjamin Franklin。

你可能注意到其中的普遍规律。法兰西人通常把frank这个词与好事情联系在一起，比如frankincense、speaking frankly。语言学里有一个绝对真理：坏事儿总是别人家的。

Beastly Foreigners
野兽般的外国人

英国人的偏见深深地植根在英语语言中。

我们现在认为荷兰人并不邪恶，甚至很有魅力，但以前我们可不是这么想的。荷兰与英国隔北海相望，曾经是主要的海上霸主和贸易大国，因此两国成为天然的仇敌，互相虎视眈眈。除了短兵相接、直接开战，英国人还会创造一些粗俗的词语从精神上瓦解敌人。

Dutch courage（酒后之勇）是在酒瓶底下找到的勇气。Dutch feast 是主人在客人之前喝醉的酒席。Dutch comfort（退一步想而得到的安慰、自我安慰）也根本算不上什么安慰。Dutch wife[1] 其实就是一个大枕头（在同性恋的俗语中表示的可是更有创意的东西）。Dutch reckoning 指的是你越计较，对方越故意抬高价格的欺骗行为。Dutch widow 表示妓女。Dutch uncle 太过严厉，让人不快；一个抠门的用餐者才会坚持 go Dutch。荷兰人就这样暴露了！

1934年，荷兰政府终于注意到了这些词语。但亡羊补牢为时已晚，这些词已经无法改变了，因此他们定了一条规矩，所有在英语国家的荷兰大使只能使用 The Netherlands 来称呼自己的国家。

也许荷兰人也为英国人创造了类似的词语，但没有人知道是什么，因为荷兰语对我们来说是 double Dutch（无法理解的语言）。除此之外，英国人还在忙着给他们的其他邻居"栽赃"呢。

威尔士干酪吐司（Welsh rarebit）曾经叫作 Welsh rabbit，因为当威尔士人许诺请你吃好吃的（比如兔子）时你最后可能得到的只是涂了奶酪的吐司面包。而且英国人曾认为威尔士人非常喜欢吃奶酪。格罗斯编写的《土语词典》(*Grose's Dictionary of*

---

[1] 类似于中国古代的竹夫人，是热带人用来减轻暑热，以竹或藤等编的长筒抱枕。——译者

the Vulgar Tongue，1811）就有以下记录：

> 据说威尔士人酷爱吃奶酪，在妇人难产时，产婆会把烤制的奶酪涂抹在生命的出口（janua vita），以此来吸引和诱惑婴儿，婴儿在闻到奶酪味之后就会尽最大的努力爬出来。

同样地，Welsh carpet 就是在砖铺的地板上刷上图案，Welsh diamond 就是水晶，Welsh comb 就是你的手指头。

损够了威尔士人，英国的词汇编造者们开始拿爱尔兰人撒气，称他们是一些用剩菜来炖肉（Irish stew）的人。而且，爱尔兰人被认为是荒唐可笑的（nonsensical），于是 Irish 就成了 nonsense（胡说八道）的代名词。

然而英国最大的敌人还是法国。很多英国人认为法国人是不诚实的好色之徒，因此 French letter 就是避孕套，French leave 表示逃学，在这一点上法国人也给予了回击，称逃学为 filer à l'anglais[1]。

英国人玩腻了仅仅用国家名来侮辱人的游戏，他们开始琢磨给每个人都贴上一个侮辱性标签。

1　字面意思是逃跑的英国人。——译者

Pejoratives

贬义词

下面这些都是有关欧洲国家的贬义词及它们的来龙去脉：

Frog（法国佬）是frog-eater（1798）的缩写。以前（1652）这个轻蔑语曾经用于荷兰人，因为荷兰沼泽地很多。

Kraut（德国佬）源自德语中的cabbage。最早出现在1841年，但在"一战"时期才开始流行。

Hun（匈奴人、野蛮人、德国兵）是对德国人的轻蔑称呼，但早在1806年，它的意思是"美的破坏者"（destroyer of beauty）。原因如下，匈奴人同汪达尔人一样是一个部落，他们促成了罗马帝国的崩溃，（实际次序是汪达尔人、哥特人及匈奴人互相排挤，从德国打到法国，再到西班牙和北非）。马修·阿诺德（Matthew Arnold）[1]将仇恨艺术的人称为philistines（非利士人）也是同样的道理，我们往往用一个古代部落的名字称呼自己不喜欢的一类人。第一个用Hun来代指德国人的是德皇威廉二世，他的目的是激励将要奔赴前线的德国士兵要像他们心目中的匈奴先辈一样勇敢，并且

---

[1] 19世纪英国诗人、评论家，其作品常常针砭时弊。——编者

要赶尽杀绝——take no prisoners，这个短语据说就来自于他，虽然以前肯定也有人说过类似的话。（这就像人们都说 I'll be back 出自电影《终结者》一样。）Hun 在世界大战期间被用作一个轻蔑语，虽然德国人认为自己祖先粗犷、彪悍，但英国人却认为他们野蛮而凶残。

Wop（1912），美语词语，来自那不勒斯方言 guappo，意思是花花公子（dandy）或小白脸（gigolo）。

Dago（1823）显而易见来自 Diego。最早指的是西班牙或葡萄牙水手。

Spic（1913）美国俚语，指任何带有轻微西班牙口音的人。来自"No speak English"这个短语。也或许由 spiggoty（1910）转为 spaghetti（意大利面）而来。

然而，最惨的莫过于东欧的斯拉夫人，他们遭受了语言和历史的残酷虐待。斯拉夫人中的保加利亚人（Bulgars）与邻国作战多年，但经常一败涂地。历史上有一位拜占庭皇帝被戏称为保加利亚屠夫巴西尔（Basil the Bulgar Slayer）[1]，你可以从中体会一下保加利亚人的命运。

---

1 即拜占庭皇帝巴西尔二世。——译者

有一次，保加利亚屠夫巴西尔俘虏了15 000名保加利亚士兵并将其中99%的人弄瞎了双眼。也就是说，每100个人中只有一个人能够睁着眼睛带领其他99个失明的战友回家。拜占庭的历史学家把此举看作非常聪明的战略，但在现代人看来却是非常残暴的。

历史上，斯拉夫人的日子通常是很艰难的。他们不是被南方的巴西尔屠杀，就是被北方的神圣罗马帝国征服，被迫沦为苦役。由于很多斯拉夫人被打败，饱受压迫，slave就成了forced labourer（强迫劳动力）的代名词，因此就产生了slave这个词。

在进行下一节之前，想一想哪一个常见的告别词会让你陷入被奴役的生活呢：adieu、toodle-pip，还是ciao？

Ciao Slave-driver
再见了，监工

奴隶（slave）这个词来自slav，虽然在西方的语言中，这个拼写起来略有不同，但它们都是由slav演变而来的。荷兰语中是slaaf，德语中是sklav，西班牙语中是esclavo，意大利中则拼写为schiavo。

中世纪的意大利人是一群严肃的家伙。他们见面时会向对方郑重宣布"我是你的奴隶。"(I am your slave.),而作为中世纪的意大利人,他们实际上说的是 Sono vostro schiavo。

后来他们变得懒惰起来,就用一个 schiavo 来表示这句话,北方的意大利人更加懒惰,他们把这个词又缩短为 ciao。

几个世纪之后,全体意大利人又突然干劲十足,积极加入"二战"。英国和美国的部队负责对付他们[1]。这些联军就此学会了 ciao 这个词,并把它引入英语语言。这个词颇有些异国情调,但是你在说 ciao 的时候可要小心了,因为不管它听起来多么时髦,多么富有地中海风情,从词源上说起来,你一用这个词就是在宣布自己变成奴隶了。

Ciao 在用于打招呼时还有一个反义词,那就是"Hey, man"。美国南北战争宣告了奴隶制与自由的国土完全不相匹配,但在此之前,奴隶主们通常把自己的奴隶称为 boy。

葛底斯堡战役让奴隶们得到了解放,同时也留下了被后世传颂的演讲名篇,但可惜的是,没有产生相应的社会经济方案或者

---

[1] 这是件好事,美国军队的配给是熏肉和蛋。如果一个美国兵饿了,他会付钱让当地的主厨将这些基本食材做成意大利面食,因此就发明了一种烤意大利面加干酪沙司(spaghetti carbonara)的吃食。(至少这是一种解释,在"二战"之前的确没有关于 carbonara 这种食物的记载。)

新的语言。奴隶主们不再允许蓄奴，但他们对以前的奴隶仍十分恶劣，他们继续肆无忌惮地使用boy一词来称呼以前的奴隶，这就激怒了那些刚刚获得解放的人。

在美国各地，气急败坏的白人在称呼黑人时都会说"Hey, boy"。这个称呼刺激了黑人的神经，的确如此。

因此到了19世纪40年代，非裔美国人开始从另一个方向反击，他们在互相打招呼的时候用"Hey, man"。指称词man的使用并不是为了区分性别，而是对多年来被叫作boy的反抗。

这个方法很奏效。白人们被"Hey, man"搞糊涂了，随后是60年代的民权运动，从此，不管是黑人还是白人都开始用man来相互称呼，其最初的意义也逐渐消失。这可以算作"进步"的实例。

下一节，我们要回答一个问题，robots是火星的奴隶主、玻利维亚的农夫，还是捷克的农奴？

Robots
机器人

很久以前，奥匈帝国统治着中欧的大部分地区，国家有地主和农夫两个阶级。地主们拥有所有的土地，农夫只能获得由地主分给自己的一小块土地。他们除了耕种自己的小块地，还要为地主劳作。农夫分得的土地越大，他要为地主劳作的时间也就越长，因为土地是地主给的。

这种制度被称为 robot，在 1848 年被约瑟夫二世[1]废除。

制度虽然废除了，名称却保留下来。七十二年后，也就是 1920 年，一个名叫卡雷尔·恰佩克（Karel Čapek）的捷克作家正在写一部关于未来的恐怖剧，剧中有一家工厂通过生物体制造甘心为人效力的奴仆。恰佩克先生决定使用拉丁词根 labor（我们的 labour 就是来源于此）来命名生产出来的仆人，称之为 labori。

事情本来到此为止了，可后来卡雷尔的哥哥约瑟夫建议将 labori 改成 robots。卡雷尔依照哥哥的建议进行了修改。因此，这部剧演出时的名字就是 *RUR: Rossum's Universal Robots*（《罗素姆万能机器人》），这部剧非常成功，两年后，robot 一词就进入了英语语言。

当然，在此之前，英语中也曾出现过 robot 这个词，不过它指的是在我们现代人看起来非常奇怪的欧洲政治。我们来看看 1854 年一个奥地利贵族写下的怨言，他抱怨社会主义真是疯了：

---

[1] Joseph II，神圣罗马帝国皇帝，1764—1790 年在位，是一位开明的君主，在位期间废除了农奴制。——编者

没有人为我工作了，因为robot制度已被废除；我的佃户有了自己的土地耕种，那以前曾是我的土地。

在英语中，与robot这一制度的对等词是indentured labour（契约劳工），即通过签订一个合同而成为短期劳工。只可惜我们没有关于indentured dentists（牙医）的现存记录，这两个词可都与"牙齿"有关啊。

事实上，很多事情与牙齿有关。比如，Tridents（三叉戟）有三颗牙齿，al dente food（咬起来很硬的食物）就是专门为了磨牙而制成的食物，dandelions（蒲公英）就是lions'teeth，或者用法语表示就是dents de lions。不好意思，我说跑题了。现在我们只说indentations，从词源上说，它的意思是bite marks（咬痕）。

中世纪的合同法让人唏嘘，主要原因是几乎没有人认识字。因此签合同时可能会把名字写在任何地方，左边、右边、中间都有可能，没有人说得清楚该签在哪儿。我们中的大部分人肯定有过体验，自己妥善保存的重要文件在需要的时候总是找不着，更别说让大字不识的人去找签过的合同了。

说起来，解决这个问题有两个方法，但其中一个是要学着识字，因此只剩下一个方法了，这个方法需要用剪刀。

合同由牧师写好，由双方签字盖章（可能不会写的字还会用

X代替）后剪成两半。当然剪的时候不是一条直线，而是剪成曲折的豁口。每一方拥有合同的一半，如果需要核对合同，只要将各自持有的那一半拿出来比对，如果缺口（indentations）能严丝合缝就说明对了。如此一来，劳工就被这样一份外形"犬牙交错"的合同束缚，直到terminator（终结合同的人）结束合同。

Terminators and Prejudice
终结者与偏见

Termination就是结束、终止之意。因为在拉丁语中，terminus表示边界或界限，由此，我们有了bus terminals（公交总站）、terms and conditions（合同条款）、fixed-term parliaments（定期议会）以及关于很多事情的terms（术语），因为term的意思是"有限定的"范围的。

由此，你就能明白什么是terminate somebody's employment（结束雇用某人）。从法律上来讲，你可以用两种方法来结束雇佣关系：你可以terminate without prejudice（无偏见终止），意思是你不排除再次雇用那个可怜的家伙的可能，另一种是terminate with prejudice（有偏见终止），这就是说你永远不会再雇用那个无赖了。后者用于那些做了很出格的事背叛了你的信任的受雇者。

以美国中情局（CIA）雇用间谍为例，如果你辜负了CIA的信任将秘密泄露给敌对方，你的雇用期限就会终止。当然，这将是terminated with prejudice，而且CIA通常会采取紧急手段，悄悄将你一枪毙命，以此确保你不会再受雇于任何人。这种做法被人戏称为termination with extreme prejudice。

CIA保密度极高，因此很难说清楚terminate with extreme prejudice这个词是什么时候产生的。这个词能够被公之于众完全是由于美国陆军特种部队——绿色贝雷帽（the Green Berets）的错误。

1969年，一个名叫Thai Khac Chuyen的越南人为绿色贝雷帽当间谍或告密者（又或许同时是CIA的间谍）。然而，他同时还为越南共产党工作，绿色贝雷帽发现这件事后非常恼怒。

他们到CIA去报告（也或许根本就没去，看你相信谁了），咨询如何处理Chuyen，CIA的建议是让此事"随风去吧"，要试着从其他人的角度想问题，至少CIA自己是这么说的。

然而，绿色贝雷帽却声称，CIA告诉他们Chuyen（或他的合同）应该被terminated with extreme prejudice。

到底是谁、说了些什么对于Thai Khac Chuyen来说都已经不重要了，因为故事的结尾是他生命的终结。八个绿色贝雷帽成员因此被逮捕，在接下来的沸沸扬扬以及军事法庭上，CIA开玩笑说，合同法终于被公之于众了。

也是因为这个事件，terminate这个无辜的词脱离了合同法及公交站的范围进入电影界。首先是在《现代启示录》(*Apocalypse Now*, 1979)中，主人公被派遣去寻找库兹上校，然后将他terminate with extreme prejudice。很快，terminate在公众心中以其更加庞大、强悍、可怕的形象与"kill"一词等同，1984年，意大利导演詹姆斯·卡梅隆决定将他创造的体积庞大、强悍可怕的机器人恶魔叫作"终结者"（The Terminator）。

Terminators and Equators
终结者与赤道

如果你用词典查terminator这个词，很难找到"死亡"或"半机器人"等意思。第一个意思应该是有关天文的，因为terminator是将星球的明暗两部分分开的那条线。因此半月中间那条直线就是terminator。

天文学与占星学（两者曾经是一回事）从前可是非常重要的，

直到有人提出那些遥远而巨大的氢气气球不可能影响你的爱情生活。星座星语曾隐藏于报纸的背面，与填字游戏和交友信息放在一起。然而与占星有关的词汇却在英语中生机勃勃。比如，一个人性情（disposition）友好，这与他出生时各个星球所处的位置（position）有必然的联系，或者与各个星球间的距离（distance）有关系，因此就称为disposition。

如果在你出生的那一刻Jupiter（木星）占优势地位，那么你就是jovial disposition（乐天的性格）；相反，如果你不快乐，总是郁郁寡欢、沉默不语，这就是一个disaster，因为disaster就是dis-astro，或者说是misplaced planet（错位的星球）。Disaster在拉丁语中就是ill-starred（不幸的）的意思。

Culmination、opposition、nadir、depression以及aspect都是我们从占星术和古代天文学中"偷"来的词语。然而，占星学并不是天空凌驾于地球之上的缘由，这涉及可见性的问题。例如，北极距离我们很远，处于公共交通不便到达的地方，然而我们坐在家中就能看到北极星（如果你身处北方的话）。天球赤道是地球赤道在太空中的假想映射，天球赤道经过的星球到了晚上就发出明亮的光，不管你身处何方都能看到，然而要到达地球上赤道的位置可不那么容易。这也解释了为什么两个世纪前equator（赤道）指的是天空中而并非地球上的那道线。

Equality in Ecuador
厄瓜多尔的平等

因为地球围绕地轴转动，天球赤道一年只有两次会出现在地球赤道的正上方，也就是处在昼夜平分点上，此时昼与夜一样长。太阳就像个流浪汉，一年中的上半年它慢慢向南方移动直到转到南纬23度，之后它就转身向北纬23度转去，然后再往回转。

希腊语中用tropos表示turn，因此 a turn of phrase（表达方式、措辞）在希腊语中就是rhetorical tropes。也是因为如此，南纬23度又被称为the Tropic of Capricorn（南回归线），北纬23度则叫作the Tropic of Cancer（北回归线），而两者中间的地带就被叫作tropical。

夹在两个热带中间的是围绕地球一圈长达25 000英里的赤道地带[1]。西班牙语用ecuador表示equator，因此，当他们发现了一个被赤道穿过的国家后，就称它为Ecuador（厄瓜多尔）了。

英语中之所以使用equator这个词，是因为它将地球平分成了两个相等的部分，两者之间是"平等的"（equality）。大多数

---

1 在《仲夏夜之梦》中，迫克（Puck）说他会"在四十分钟内为地球束一条腰带"。这就意味着他必须以每小时37 000英里（约59 546千米）或49.3马赫的速度前进。

情况下，不平等就意味着不公平，但有时候不公平却是一种需要。人不可能完全平等。拿体育来说，有两支地位平等的队伍进行比赛，当他们发生争执的时候，就需要一个地位更高的人来给他们评判，这个裁判跟他们是有差别的（on a par）。拉丁语中裁判是non-par，而古法语中裁判成了 a noumpere，后来不知道发生了什么，N消失了，a noumpere 就变成了 an umpire。

那些以N开头的词经常遇到这种不体面的事。比如大厨们曾经穿着napron（围裙），但是napron这个词被写下来的次数远没有穿在身上被弄脏的次数多，于是狡猾的A就把napron中的N赶走了，大厨们就改穿apron了。

下次如果你被一种叫adder（蝰蛇）的毒蛇咬了，你一定会想它怎么由nadder变成了adder，不过我要是你，我不会思考太久哦。

有时候，这个变化无常的N又走了另一个极端。比如 an ewt 到现在变成了 a newt；假如你又多了个名号，以前叫作 an eke-name，现在人们叫它 nickname。

由拉丁词 par 产生的词语有：parity（同等、相等）、peer group（同龄群体）、peerless（无人能与之比较的，出类拔萃），以及 peers of the realm（王国贵族）。贵族们似乎应该高高在上，却也被称为peers，这似乎有点儿不可思议。原因是查理大帝有十二个贵族骑士[1],他们之间是平等的,因此被称为peers。事实上,查理大帝并没有十二个骑士,然而传说中既然这么写,这就足够催生一个词了。

Par 隐藏在很多地方。如果你说别人坏话让他们感觉羞愧,就可以用disparage(轻蔑)表示;如果一个女孩与你同住在一起,平等相处,她就是你的au pair(互惠生,以帮助做家务而换取食宿的人)。但par的生命力在高尔夫球场上得到了最显著的体现,它用来表示小鸟球(birdie)与超一杆(bogey)之间的得分。

Bogeys
超一杆

为什么高出标准杆(par)一杆叫作bogey呢?

高尔夫球运动通常是与两个对手的较量。一个是另一名高尔夫球手,另一个就是ground score(地面得分),或者scratch value(每一洞的杆数),或者the par(标准杆),the par是专业高尔夫球手完成一轮进球需要挥杆的次数。两个对手中,后者通常更难击败。

---

1 指十二圣骑士(Paladin)。——编者

在维多利亚时期的英国有一首特别流行的歌曲名字叫 *The Bogey Man*，讲述了一个神秘的坏蛋偷偷潜入淘气包们的房间为所有人制造了各种麻烦。1890年的一天，托马斯·布朗博士在大雅茅斯[1]与人打高尔夫球的时候头脑里回响起这首歌。

与ground score竞争在当时还是比较新鲜的。在此之前，高尔夫球运动中没有所谓的标准杆（pars）、老鹰（eagles）、小鸟（birdies）等说法。你只需要把你击球的次数加起来，总数最低者就是赢家。

第一次与ground对抗时，布朗博士不是很喜欢。他更愿意与活生生的对手打球，因为据他观察，ground总是能够赢他。这个敌人在整个球场与他如影随形，却从不现身，到最后，布朗博士决定把这个隐形的敌人称作Bogey Man，与歌曲中那个坏蛋同名。他的玩笑在大雅茅斯流行开来，接着就传遍了整个高尔夫球界。Bogey 就变成了一个分数。

这么一来，独自来打高尔夫的人就是在与Bogey较量，这个词传到后来开始表示"高尔夫球场的标准杆"（par for the course）。直到1940年，它的词意变为"高于标准杆一杆"（one over par），至于为什么，没有人能说得清楚。

---

1 Great Yarmouth，一个位于英国诺福克郡的港口小镇，因位于耶尔河（Yare River）河口而得名。——编者

Bugbears and Bedbugs
妖精和臭虫

前面的故事还有一个曲折的后记呢。话说又过了几年,高尔夫球玩家忘记了bogey这个词的来历,标准杆的说法赖在一个名叫波基上校(Colonel Bogey)的虚构的高尔夫球员身上。1879年的一本高尔夫球漫画书上写着这么一行文字:"我,波基上校,我的分数始终如一,我总是赢家……"

到了1914年,肯耐·奥尔福德(Kenneth Alford)想为他新作的进行曲命名,就使用了"波基上校"这个名字,这样一来,来自歌曲中的bogey一词就从歌曲又回到歌曲中去了[1]。

那么bogeyman到底是什么呢?它可以变化无穷、千姿百态。有些怪物跟熊长得一样,它们住在大森林里,随时吃掉那些不听话的小男孩。因此就有了大坏熊——bogey-bears。不过后来,bogey-bear这个词渐渐失去了威力,没有了大熊的威风,无论从威力上还是从词的长度上。现在的bogey-bear仅仅就是一个bugbear[2],再也不是嗷呜一口吞掉小孩的大熊了,只是一个不起眼的小麻烦。

---

[1] 即《波基上校进行曲》,因被用作电影《桂河大桥》的插图而闻名,又名《桂河进行曲》。——编者

[2] 一种被称为"妖怪"的电脑病毒;可引申为令人烦恼的东西。——译者

还有一个词bugaboo（幽灵），现如今除了詹姆斯·邦德，没有人对它有好脸色吧。而詹姆斯·邦德对bugaboo却小心翼翼，时常在自己的床底下探看它们。当然，这是从词源的角度来说的。在18世纪，bugaboo（这个词肯定也是bogeyman的一个变体）成为窃贼对治安官，也就是警察的俗称。因此，到了19世纪，窃贼们虽然惧怕bugaboos，或者简写为bugs，但是他们还是要到处行窃，这样一直到了20世纪。偷盗行为日益普遍，人们开始安装偷窃警报，19世纪20年代，窃贼们开始将偷窃警报器称作bugs，因为它们就像自动警察一样。如果忧心忡忡的房屋主人在自己家里安装了警报，就可以说他的地盘被bugged了。

很快，人们开始用bug表示安装在电话或茶壶中一个小的窃听装置。如此，詹姆斯·邦德在他的床底下查看有没有bugs就很合理啦！从词源上来说，你的床底下也的确会有妖怪（bogeyman）藏匿吧！

Bogeys和bugs一直都可以相互替换。迈尔斯·科弗代尔1535年翻译的《旧约·诗篇》中，将第91首第五行翻译为：

Thou shalt not need to be afrayed for eny bugges by nights.

你必不怕黑夜的惊骇。

后来的圣经翻译中大多使用 terrors 这个词，因此科弗代尔的翻译被称为 The Bug's Bible。到了 17 世纪中期，莫名其妙地 bug 开始用来代指昆虫。或许是因为昆虫也非常可怕，又或许因为昆虫会像妖怪一样钻到人们的床底下。第一个关于昆虫的记录出现在 1622 年，那是一个六只脚的 bedbug。从那以后，bug 一词成为一切令人毛骨悚然、不寒而栗的虫子的总称，它们还可以爬进你的机器里破坏你的工作呢。

有个故事说的是爱迪生在搞一项发明时总是出错。他也不知道是哪里出了问题，但机器就是不停地出故障。他检查了所有零件都没有问题，又查看了设计图纸，也无可挑剔。后来他又一次检查机器，终于发现了问题的症结。原来是一只小昆虫爬进了敏感的电子器件中，扰乱了整个机器的运行。据说，人们从此便开始用 bug 来表示技术故障。

这个故事未必真实，但爱迪生的确是第一个将 bug 用于技术领域的。1878 年他在一封信中写道：

在我所有的发明中都会遇到这种情况。一开始只是一种直觉，后来就有了冲动，之后是困难——这里有了问题，那儿出现了 bugs——这个词表示小错误或小困难——接下来就是几个月的仔细观察、研究和辛勤工作，最终才会成就商业上的成功或失败。

在1889年,《帕尔摩报》(*Pall Mall Gazette*)有一篇报道是这样写的:

> 我已得知,爱迪生先生连续两个晚上没有休息,终于发现了留声机中的一个bug——也就是发现了一个问题,这个词用来表示像虫子一样偷偷潜入机器导致所有麻烦的始作俑者。

这么看来,虫子的故事也许是真的,又或者是爱迪生用bug表示妖怪、精灵藏在自己的机器里捣乱。

无论如何,bug这个词流行了起来,如果你的电脑因为软件故障(bug)死机,你就去找爱迪生和妖怪(bogeyman)算账吧。

Von Munchausen's Computer
敏豪森男爵的计算机

新事物产生需要新的词语来命名,但最后往往还是用旧词来表示的。Computers一词至少在1613年就有了,它指的是在天文台里算数字的数学家们的看家本领。

查理斯·巴贝奇发明了现代计算机的前身，他将其命名为Analytical Engine（分析机），后来他的儿子改进了他的发明，并命名为Mill，一方面是考虑到mills（磨粉机）本身也是复杂的科技产物，另一方面是因为他的新发明与mills一样，都是从一头装入东西，从另一头产出的却是不同的东西。到了1869年，这种能够计算（compute）两个数字之和的机器开始被称为computers。渐渐地，随着这种机器能够胜任越来越多的工作，这个名称也传播开来，到了1946年，第一台现代计算机被正式命名为ENIAC（Electronic Numeral Integrator And Computer：电子数字积分计算机），只可惜为时已晚，computer这个名字已深入人心。

早期的computer其实就是计算器，因此才被叫作计算机。后来出现了软件，但需要由使用者自己安装到计算机上。20世纪50年代，可以由计算机自己安装软件的方法被发明了出来——先在计算机上安装一个代码，这个代码可以加载更多的代码，然后再加载更多的代码，等等，在这之前，我们必须说说沼泽地里的敏豪森男爵（Baron von Munchausen）[1]的事情。

敏豪森男爵（1720—1797）确有此人，他曾在俄罗斯当兵打仗。在返乡的途中，他向人夸耀自己的丰功伟绩，却没有人相信。

---

1 著名童话《吹牛大王历险记》即根据敏豪森男爵的故事编写。——编者

他说自己骑过炮弹，到过月球，还说自己拽着自己的头发逃离了沼泽地。最后这一条是违背常理的，因为他的头发所受的向上的力会被胳膊所受的向下的力所抵消。然而这却是一个不错的主意，敏豪森男爵荒谬的理论后来居然被美国的科学家们采用，当然，他们讨论的可不是头发。19世纪后期，美国的科学家讨论的是通过他们自己的鞋带把自己拽起来（by their own bootstraps，比喻自力更生）的事。

这事在物理学上不可能实现，但在计算中却可以做到。能够自行安装程序的计算机就像通过自己的鞋带（bootstraps）把自己拽起来的人一样。1953年，这一过程被称作bootstrap。到了1975年，人们连strap也不要了，从此就用boot up来表示计算机程序启动。

SPAM（not spam）
从肉罐头到垃圾邮件

1937年，美国市场上出现了一种新产品，其主要原料是猪肉和马铃薯粉，因为出自Geo A. Hormel & Co[1]，因此最初的名

---

1 公司的创始人名字叫George Albert Hormel，后来改名为荷美尔食品公司。——译者

字叫Hormel Spiced Ham，公司的某个副总裁有一个哥哥是当演员的，在文字上大概更加讲究些，他建议Spiced Ham这个名字应该缩写为SPAM。还有一种说法认为SPAM应该是Shoulder of Pork And Ham的缩写。不管怎样，荷美尔食品公司到现在仍然坚持使用SPAM这个名字，而不是spam。

希特勒让SPAM大获成功。第二次世界大战期间，英国食品短缺，新鲜肉食受到严格的限量供应，英国人只好转向限制不那么严格的罐装肉。好战的英国人当时吃的就是SPAM，它们都是从美国用船大批大批运送过来的。战争结束后，SPAM仍然是英国人的主要食品，尤其在廉价的咖啡店里，而这种地方正是巨蟒剧团（Monty Python）[1]经常出没的场所。

1970年，巨蟒剧团制作了一个幽默短剧，描述了两个人沦落到英国一家肮脏的咖啡店，看到里面几乎每道菜都有SPAM，过了一会儿，同样在这家店的一群维京人开始唱歌，歌词如下：

SPAM

SPAM

SPAM

---

1 英国的一个超现实幽默表演团体，活跃于20世纪六七十年代。——编者

SPAM

SPAM

SPAM

SPAM

就这样持续不停，令人作呕地无限循环下去（ad infinitum et nauseam[1]）。

没有人知道为什么巨蟒剧团大受程序员们的青睐，甚至在他们的短剧的启发下，有一个编程语言就命名为Python。说到这里，我们必然得提到Multi-User Dungeons，或者叫MUDs。

看到Multi-User Dungeons，你可能会想到红灯区陌生的地下室[2]。事实上，它是20世纪80年代的一个网络游戏的雏形。当时，聪明的计算机玩家会用MUDs互相展示他们编写的程序，但这些程序中最火的却是一个简单的恶作剧。

这个恶作剧程序的第一个命令是输入SPAM一词，第二个命令是回到前一个命令。你会看到什么结果呢？当然是跟巨蟒剧团的歌曲一样，你看到的是满屏的SPAM，它在屏幕上不停地向

---

[1] infinitum意为无限地，nauseam意为令人作呕地，二者皆为拉丁语。——译者
[2] 该短语的字面意思是"多用户地牢"。——编者

下滚动，并且无法停止。

到了1990年，SPAM已经成为程序员对所有互联网垃圾的俗称。20世纪90年代早期，巨蟒剧团恶作剧仍然在网络新闻组（Usenet）[1]上继续，spam因此得到更广泛的传播。当人们的邮箱里出现"尼日利亚王子"[2]邮件，"伟哥"的广告邮件或者小甜甜布兰妮的性感照片等，人们就把它们叫作spam，更确切的应该是SPAM，可别忘了SPAM的名字可是申请了专利的，就像heroin一样。

Heroin
海洛因

很久以前，治疗咳嗽的药都含有吗啡（morphine）。人们为此很担忧，因为吗啡能让人上瘾。也就是说，如果你得了重感冒，长时间吃咳嗽药，最后你的咳嗽好了，但身体却产生了药物依赖。一百多年前的咳嗽患者面临着两难选择：继续咳下去，或者变成

1　互联网早期的电子布告栏系统，类似于BBS，但用户无须注册即可发言。——编者
2　一种国外流行的垃圾邮件诈骗形式。——编者

吗啡瘾君子。许多人还是选择了前者。

因此，1898年德国一家名叫拜耳（Bayer）的药物公司决定研发一种替代药物。他们拿出了简陋的吸液管和曲颈瓶，生产出了一种新的化学药品：二乙酰吗啡（diacetylmorphine），向市场推广时声称这是"不致瘾的吗啡替代物"。

与所有新产品一样，它也需要一个品牌名。二乙酰吗啡这个名字科学家们说说还可以，但在药店柜台销售时就不好使了。他们需要一个在市场能叫得响的名字，一个让人一听就想说"对！我要的就是它！"的名字。

拜耳公司的营销人员立刻行动起来。他们采访了那些服用过二乙酰吗啡的人，询问他们的感受，得到的答案异口同声：感觉非常棒，就像自己成了英雄（hero）。营销人员决定把他们的新产品叫作heroin（海洛因）。你猜怎么着？火了！

第一次世界大战之前，heroin一直是拜耳公司的注册商标，但"不致瘾"的说法实际上是有点儿误导性的。

这么看来heroin与heroines（女主角）还是有点儿关系的，因为它的产生完全是因为人们不想受吗啡的控制，想"独立自主"啊。

Morphing De Quincey and Shelley
德昆西与雪莱

  Morphine一词来自于Morpheus，他是希腊梦之神，也是睡神之子以及幻想之神的兄长，他居住在幽冥世界附近的山洞中并在那里造梦，然后把梦悬挂在一棵枯萎的榆树上以备使用。

  Morpheus 的含义是shaper of dreams（梦的塑造者），这个名字源自希腊词morphe，意思是shape。因此amorphous不是"刚服用过吗啡"，而是"无固定形状"之意。

  吸毒与做梦很容易联系在一起。如果你吸了一管鸦片，十有八九会昏昏欲睡做起白日梦（a pipe dream）。19世纪一个叫托马斯·德昆西（Thomas De Quincey）的著名鸦片吸食者，写了一本回忆录，名字叫《瘾君子自白》（*Confessions of an English Opium Eater*），描述自己吸毒后的各种奇怪的梦：

    猴子、长尾鹦鹉、凤头鹦鹉盯着我，向我叫喊，冲我咧嘴或鸣叫。我跑进一座塔内，被封在塔顶，又或许是被关进密室长达几个世纪；我是偶像；我是牧师；我被膜拜；我被牺牲。我从愤怒的乌鲂手下逃生，穿过亚洲所有的森林，毗湿奴憎恨我，湿婆埋伏着我。我突然遇到了伊希斯和欧西里斯[1]，他们对我说：我们做了件大事，朱鹭和鳄鱼都为之颤抖。几千年来，我住在永恒的金字塔的一间狭窄的密室中，躺在一副石棺里，同居一室的还有木乃伊和狮身人面像。我被鳄鱼亲吻，那是癌变之吻，我身处一堆芦苇和尼罗河的泥浆中间，因为所有羞愧难言的堕胎而迷离。

德昆西的鸦片梦听起来并不十分有趣，他的自传大部分是在描述自己如何努力戒除毒瘾。他所写的未必是实话，但确实挺感人的。

事实上，德昆西写他的"自白"时已是身无分文，抽口鸦片的钱也没有。值得庆幸的是，这本书非常成功，足以维持他后半生的鸦片开销，而且还是上等鸦片。令人称奇的是，他的后半生还相当长。与他差不多同时代的诗人雪莱坠船身亡，济慈死于肺结核，拜伦在希腊为革命理想洒掉热血，而德昆西呢？他成了彻彻底底的瘾君子，却比这些诗人多活了三十五年之久，最终在74岁时死于高烧，那时他已经吸了五十五年鸦片。

在他漫长的文学生涯中，德昆西成了一名造词大师。他那整

---

[1] 伊希斯是古埃及神话中的生命、魔法、婚姻和生育女神；欧西里斯是古埃及神话中的冥王，也是植物、农业和丰饶之神。——编者

日在鸦片中熏染的头脑就像造币厂，以不可思议的速度制造出新词。《牛津英语词典》中有159个词可以归功于他，虽然其中许多词（比如passiuncle，意思是"小的激情"）被现代人遗忘了，但还有一些仍然在使用。

没有德昆西，就不会有subconscious（潜意识）、entourages（随从）、incubators（恒温箱）、interconnections（彼此联系）这些词。没有德昆西，我们不能"凭直觉"（intuit）感知，也不能重新布置（reposition）。他有超凡的（phenomenal）创造力，令人震惊（earth-shattering）。他甚至创造了post-natal（产后）这个词，从此人们就有了"产后抑郁"之说。

Ante-natal（产前）一词已经由诗人雪莱创造出来。雪莱写了一首极度乏味的（earth-shatteringly tedious）的诗，名字叫《献给雅典娜的赞歌》(*Prince Athenase*)。故事是这样的：有一个王子，他很伟大云云，与其他浪漫主义诗歌中要命的男主一样，他也带着一种神秘的伤感，没有人知道为什么。

> 有人说他疯了，也有人认为：
> 出生前的记忆造就了现在的他
> 他身处其中，如在地狱中熬煎。

有人认为雪莱很有天分，但不幸的是，他没遇到好编辑。与德昆西一样，每当雪莱找不到合适的词的时候，他就自己创造。29岁溺水身亡之前，他已经创造出诸如spectral、anklet、optimistic（表示充满希望的性情），以及heartless（无情的）。他还发明了bloodstain、expatriate、expressionless、interestingly、legionnaire、moonlit、sunlit、pedestrianize（但其当时的含义与现在不同）、petty-minded、steam-ship、unattractive、undefeated、unfulfilling、unrecognized、wavelet以及white-hot等词语。

甚至，他还创造了national anthem（国歌）这个短语。

Star-Spangled Drinking Songs
星光闪耀的饮酒歌

Spangle就是spang，它指的是小小的、亮闪闪的装饰物。因此，to be spangled就是被亮晶晶的小东西所覆盖（covered in small spangs），这种运气有时会降临在我们中最优秀的人身上。

Spangled一词来自托马斯·莫尔（Thomas Moore）的一首诗，当然，托马斯·莫尔不是一个特别有名的诗人，他是19世纪爱尔兰的一个蹩脚诗人。他这么写道：

As late I sought the spangled bowers

To cull a wreath of matin flowers

久久地，我在婆娑的树影中寻觅

为编织晨祷的花环采撷朵朵花儿

这是莫尔翻译的希腊抒情诗人阿那克里翁（Anacreon）的一首诗，阿那克里翁是古希腊的酒鬼、情圣以及抒情诗人，阿那克里翁的诗歌（anacreontics）都是关于醉酒后在希腊的小树林里谈情说爱的。因此，anacreon这个词代表的可是好事。

既然是好事，就有了18世纪一个英国绅士俱乐部的成立。这个为纪念阿那克里翁而成立的俱乐部命名为阿那克里翁社（Anacreontic Society），以此献给"才智、和谐和酒神"。这是一件很有诗意的事，俱乐部的两名成员为此写了一首饮酒歌，名字叫《致天堂里的阿那克里翁》（*To Anacreon in Heav'n*）。这首歌由约翰·斯塔福德·史密斯（John Stafford Smith）作曲，俱乐部的主席拉夫·汤姆林森（Ralph Tomlinson）填词。歌的第一段如下：

To Anacreon in Heav'n, where he sat in full glee

A few sons of harmony sent a petition,

That he their inspirer and patron would be

When this answer arrived from the jolly old Grecian

'Voice, fiddle, and flute,

No longer be mute,

I'll lend you my name and inspire you to boot,

And, besides, I'll instruct you like me to intwine

The myrtle of Venus with Bacchus's vine.'

几个和谐之子

向阿那克里翁发出祈求

他身处天堂，总是满心欢喜：

"请赐给我们灵感，做我们的保护神"

从这位快乐的希腊老人那儿传来回应

"歌声，小提琴和长笛

都不再沉默

我借给你们我的名字，还有灵感

并将手把手教给你们如何把

维纳斯的桃金娘与巴克斯的葡萄藤

紧紧缠绕。"

    巴克斯的葡萄藤当然是代指酒宴了，而维纳斯则代表着性。*To Anacreon in Heav'n* 是一首好歌，曲调很好记（这个你也知道）。

但由于这首歌唱起来有一定难度,在18世纪成为一种警察测试酒驾的特别(ad hoc)方法。如果你能够准确唱出 To Anacreon in Heav'n,就说明你没醉酒,可以离开。仔细想一想似乎有点儿可笑,因为这原本是一首饮酒歌,而且对于那些不会唱这首歌的人来说也着实不公平。

不幸的是,这首歌太受欢迎了,一个叫弗朗西斯·斯科特·基(Francis Scott Key)的家伙"篡夺"这首曲子,并填了新的歌词,内容不再是饮酒,而是关于经历了一场轰炸后依然高高飘扬的旗帜。

弗朗西斯·斯科特·基是一名美国律师。在1812年的战争中,他被派去与英国舰队商讨释放某些囚犯的事。他在英国皇家军舰上用餐后准备离开,而那时英方开始了担忧。因为他已经对英国的战舰了如指掌,他上岸后,肯定会将这里的一切向美方和盘托出。这就麻烦了,因为英国的计划是在次日一早就轰炸巴尔的摩,如果美方提前得到消息就不好玩了。因此英方坚决要求基留在船上,无奈之下,他只能在"错误的一方"观看这场对自己国家的轰炸(也可以说是"正确的一方",如果你从他的人身安全考虑的话)。

砰的一声炮火之后,在硝烟弥漫中仍然可以看到美国的国旗在巴尔的摩的上空高高飘扬。基决定写一首歌来纪念这一刻。他从阿那克里翁社那儿"偷"来了曲子,重新填写了歌词:

O, say can you see by the dawn's early light

What so proudly we hailed at the twilight's last gleaming,

Whose broad stripes and bright stars through the perilous fight,

O'er the ramparts we watched were so gallantly streaming?

And the rockets' red glare, the bombs bursting in air,

Gave proof through the night that our flag was still there;

O, say does that star-spangled banner yet wave,

O'er the land of the free and the home of the brave?

哦,你可看见,透过一线曙光,我们对着什么,发出欢呼的声浪?

谁的阔条明星,冒着一夜炮火,依然迎风招展,在我军碉堡上?

火炮闪闪发光,炸弹轰轰作响,它们都是见证,国旗安然无恙。

你看星条旗不是还高高飘扬,在这自由国家,勇士的家乡?

他为这首旧的饮酒歌取了新名字——The Star-Spangled Banner[1]，这个名字让我们立刻就想到了 small spangs。

Torpedoes and Turtles
鱼雷与海龟

英国皇家海军与美国革命者之间的斗争还为我们带来一个词——torpedo，它与 torpid（懒散的）毫无关系，但又不无联系。

拉丁语中用 torpidus 表示 tired（疲倦）或 numb（麻木）之意。由此产生的形容词就是 torpid，直到现在还在使用。如果没有电鱼（electrical fish），故事可能就到此结束了。

电鳗大家都听说过。然而鳐形目的鱼中有些也可以放电，电压可达 220 伏特，足以将你击倒，让你全身麻痹。

英语中曾称它们为 numb-fish 或 cramp-fish，但在拉丁语中，这种鱼类的学名为 Torpediniformes（电鳐目），因为它们主要属于 torpedoes 大家庭。劳伦兹·安德鲁（Lawrens Andrewe）在 1520 年出版了一本非常时髦的书，名字很特别，叫作 The noble

---

[1] 即《星光灿烂的旗帜》，于1931年被美国国会定为国歌。——编者

lyfe & nature of man, Of bestes, serpentys, fowles & fishes y be moste knowen，书中写道：

> Torpido is a fisshe, but who-so handeleth hym shal be lame & defe of lymmes that he shall fele no thyng.
>
> Torpido是一种鱼，遭到它的攻击会瘫痪，四肢变得毫无知觉。

因此，很长一段时间，torpedo指代让人失去能力、不能行动的事物。比如，18世纪有一个叫博·纳什（Beau Nash）的社会名流，此人非常富有智慧，但却不善文字。"他曾说笔对于他来说就是torpedo，因为每次拿起笔，他所有的才智就麻痹了。"这真是太可惜了，因为纳什本应是当时最聪明、最有魅力的人。在他去世后，他的妻子居住在沃明斯特附近的一棵空心树中。[1]

我们书归正传：1776年美国人正在闹革命。英国皇家海军的舰队到达纽约，看到美国人真的揭竿而起了，于是决定留在海峡内封锁海港。美国人当然不高兴了，此时有一个叫布什内尔（Bushnell）的家伙发明了一种潜艇，用来偷偷攻击封锁海港的英国战船。

1　此事不假。

关于这项新发明应该叫什么，布什内尔一时拿不定主意：他在American Turtle（美国海龟）和Torpedo（鱼雷）两个名字间犹豫不决。在外形上，潜艇与两者都非常相像。最终，他选择了后者。

布什内尔的潜艇的原理是这样的，将一个炸药包绑在潜水艇上，绑有炸药包的潜艇会固定在英国旗舰的船底。炸药包的引信上装有计时器，这样潜艇就有几分钟时间逃脱，之后大爆炸就会产生，英国的船会被炸得灰飞烟灭。事实上这个方案没有成功，因为阻挡美国革命者的英国船都在底部包了铜皮，坚固可靠。

但美国人并没有就此罢休。一个叫富尔顿（Fulton）的发明家继续布什内尔未竟的事业（不知道什么原因，布什内尔逃到了南部，换了一个新的身份）。富尔顿大体的方案没有改变，但是他把爆炸装置（而不是整艘潜艇）称作torpedo（鱼雷）。他还做了一些小的改变，潜水艇不是直接撞到敌人的船上，而是引燃一个鱼叉。用一根绳子将装有计时器的爆炸装置固定在鱼叉上，潜水艇冒出来时，用鱼叉叉住对方的船只，潜水艇在炸弹引燃前就消失了。

富尔顿的鱼雷也没有成功。鱼雷的发明与改进又用了几十年，但都徒劳无功，不管是被装在发动机还是其他类似的装置上，它从来没有炸沉过任何船只，直到1878年俄罗斯的船成功炸沉了一艘土耳其船只。

因为上述缘由，人们开始用tired and numb（疲劳和麻木）

表示那些 fast and explosive（快速而且易爆炸的）的东西。

在开始下一个故事前，猜一猜弗吉尼亚的弗农山庄（Mount Vernon）、伦敦的波多贝罗路（Portobello Road）与头晕眼花（feeling groggy）有什么关系？

From Mount Vernon to Portobello Road with a Hangover
带着宿醉从弗农山庄到波多贝罗路

我们可以看出，英国皇家海军与美国人的关系令人担忧，事实上，他们的关系并非一直如此，导致二者关系僵化的"罪魁"就是乔治·华盛顿。

乔治有个同父异母的哥哥，名字叫劳伦斯·华盛顿，他是乔治的精神导师，还曾是英国士兵。确切地说，他服务于英国皇家海军。作为来自英国管辖的北美地区的新兵，他在加勒比海爱德华·弗农（Edward Vernon）上将麾下效力，这支部队参与了占领重要战略基地——关塔那摩的战斗，关塔那摩战役在现代历史上具有一定的地位。

劳伦斯对弗农上将非常崇拜，因此，当他返回自己的家族庄园后，决定将庄园的名字由原来的小猎溪种植园（Little

Hunting Creek Plantation）改为弗农山庄（Mount Vernon）。这么说来，华盛顿的家是以美国海军上将的名字命名的。

然而，弗农上将的功绩还没有结束。1739年，弗农带领英国海军突袭了现在巴拿马所在的地区Porto Bello。当时他只有六艘船只，却靠着英国人无所畏惧的勇气出人意料得取得了胜利。甚至一个爱国的英国农民听到这个惊人的消息，立即跑到位于伦敦西部的乡下，为庆祝这次胜利建造了名为波多贝罗（Portobello）的农场，附近的一条小巷原名为Green Lane，很快就变成了Portobello Lane，之后改为波多贝罗路（Portobello Road）。同样的原因，现在的伦敦集市被称为波多贝罗集市（Portobello Market），是世界上最大的古董市场之一。

到此，弗农上将的功劳依然没有结束。当海上风暴来临时，弗农会穿一种由粗布料做成的名叫grogram（来自法语的gros graine，中文叫"格罗格兰姆呢"）的厚外套。因此他的士兵就给他取了一个外号，叫作Old Grog（老格罗格）。

过去，英国士兵每天都可以分到一些朗姆酒。1740年，在波多贝罗（PortoBello）的胜利让大家激动万分，也或许由于劳伦斯·华盛顿的不良影响，弗农命令大家在朗姆酒里兑水喝。兑水的朗姆酒最终成为英国海军的标配，而且仍然以弗农的名字命名，被称为格罗格酒（grog）。

如果你喝了太多的格罗格酒，就会酩酊大醉、头晕眼花（groggy），逐渐地，这个词的意思就用来表示喝完杜松子酒后的结果——宿醉（hangover）。

A Punch of Drinks
一点儿酒

Alcohol（酒）这个词的来龙去脉跟大家预见的一样曲折。首先，alcohol是一个阿拉伯语词。听起来似乎不可思议，事实上，阿拉伯人在使用这个词时，其含义与我们现在完全不同。Alcohol来源于al（the）kuhul，这是一种化妆品。即使是现在，很多女性仍在使用kohl（眼影粉）来画眼线。

因为kohl是一种萃取液体染料，因此，alcohol开始表示事物的精华（pure essence，在1661年出现了the alcohol of an ass's spleen的记载，意思是"驴子脾脏的提纯物"），但是直到1672年，英国皇家学会中才有人突发奇想，想找寻葡萄酒的精华。葡萄酒中的什么成分会让人醉酒？葡萄酒中的精华（alcohol）是什么呢？很快，wine-alcohol（或者essence of wine）就成为人们心中唯一的"精华"了。到了1753年，估计是所有人都喝醉了，于是wine-alcohol中的wine被忘掉，只剩下了alcohol。

Spirits出现在酒水家族中也是经由同一个词根，只是这一次与炼金术（alchemy）有关。在alchemy（这个词含有al，在阿拉伯语中表示the）中，人们认为每一种化学品中都含有vital spirits，它们是住在这些物质当中的小精灵，能够驱使这些物质做一些有趣的事情。比如火药中包含的是火热精灵，酸性物质中包含的是刺激性精灵，而威士忌（whisky）和伏特加（vodka）这些东西中包含的是最棒的精灵，它们能让你醉醺醺的。如果从它们的名字来看，whisky和vodka能够让人喝醉有点儿不可思议，因为它们名字的意思就是"水"。

Vodka来自俄语中的voda，其含义是water，实际上这两个词都来自古印欧语词根——wodor。

Whisky这个词却是在近代才出现的，之前没有任何文字记载，直到1715年出现在一句非常地道的英文中：Whiskie shall put our brains in a rage（威士忌会让我们头脑发热）。然而，语言学者们合理推测，这个词来自盖尔语中的uisge beatha，意思是生命之水——water of life。

为什么是"生命之水"呢？这个说法并不是苏格兰人硬造出来的，它是从炼金术的拉丁语中"拿"来的。炼金术士们妄图将普通金属炼成金子，失败之后却从酒精中寻找安慰，还咒骂道：

"妈的！谁让提炼酒精这么容易呢！"他们把酒精称作ardent spirits或者aqua vitae（这两者都是生命之水的意思）。

将aqua vitae（生命之水）纳入自己语言的不光是醉醺醺的苏格兰人，斯堪的纳维亚人也把他们自酿的酒称作aquavit，甚至连翻译也省去了，同样，法国人把他们的白兰地称为eau de vie。

然而，water of life还是一个可爱的委婉语，指的是"尿"。这个可要适度饮用啊。印度前首相莫拉尔吉·德赛（Morarji Desai）每天清晨都要饮用自己的"内部蒸馏水"酿制成的酒，还美其名曰water of life。德赛声称这个方法是圣雄甘地传授给他的，但甘地研究所强烈否认，说德赛的话简直是balderdash（胡言乱语）。

Balderdash曾经也是一种酒水，只不过品质不好，请注意：它是葡萄酒与啤酒或水，或其他东西勾兑出来可以廉价出售的饮料。Balderdash是一种奇怪的东西，但是与rum（朗姆酒）相比就见怪不怪了。

Rum曾经是小偷们用的词，意思是good；但和大多数小偷们的黑话一样，rum这个词的名声越来越臭，逐渐用来表示queer（奇怪的，有点儿可疑的）。也不知道其中哪个意思导致加勒比海烈酒从之前的名字kill-devil改叫了rumbullion。也或许因为rumbullion是rum booze的一个变体，代指朗姆酒又冲又甜的味道。或者与德文郡的方言有关，在这种方言中，

rumbullion 表示 uproar（骚动），又或者它就是 rum bouillon（一种奇怪的啤酒）。不管怎样，rum 最早出现在 1654 年，到了 1683 年人们已经开始制作 rum punch 了。

Vodka、whisky、aquavit、balderdash 以及 rum 这些加起来足够制作一种叫 punch（宾治酒，也被译作潘趣酒）的饮料，能让你不省人事。只是还有一点要说明，punch 来自北印度语中的 panch，表示数字 5。因为从技术上来说，punch 必须包含五种不同的材料：酒、水、柠檬汁、糖以及香料。印度一个有五条河的地方名字叫作 Punjab，也是这个原因。

Panch 源自梵语中表示数字 5 的词 pancas，而 pancas 又来自古印欧语中 penkwe，在希腊语中，这个词变为 pent，因此英语中才有了 pentagon（五角大楼）。

然而，如果你想好好醉一次，你需要借助酒中皇后——香槟（champagne）。

The Scampering Champion of the Champagne Campaign
香槟运动的优胜者

根据传说（它是"真相"美丽的姐姐），champagne 是由本笃会一个叫唐·培里侬（Dom Pérignon，即香槟之父）的修道士发明的，他有一次冲其他修道士喊道："快来看，我在品尝星星。"

这当然是balderdash[1]。制作气泡酒非常简单，但是装瓶却是件难事。如果你把起泡沫的酒装进普通瓶子中，瓶子就会因为承受不住压力而爆炸。一个香槟酒瓶需要承受六个大气压力。即使到了现在，酩悦香槟（Moët and Chandon）的酒窖中每60个瓶子仍然有一个会爆炸。事实上，这项技术的完善是由英国的玻璃制造者完成的，他们是为了保存自己带泡沫的苹果酒，而法国只是偷了这项技术用来存放他们的泡沫香槟酒。

Champagne这个词最早来自vin de campagne，意思是"来自乡下的葡萄酒"。到了18世纪，它才用来特指埃佩尔奈附近地区所产的葡萄酒，第一次世界大战期间，这个地区上演了最惨烈的战斗。香槟酒能够见证这些最激烈的堑壕战并非偶然。

1914年，德军一开始的进攻非常顺利，他们用日耳曼人的效率快速攻下了法国北部，来到了香槟酒窖所在地。能够亲眼见到全世界香槟的发源地，让那个德国指挥官不由得驻足。他这一停顿，给了法国和英国人机会。英法盟军很快到达，开始挖战壕，剩下的就是战争了。

---

1 此处是双关语，既可以理解为唐·培里侬的话是"胡言乱语"，也可以理解为他说的是上一节提到的那种廉价勾兑酒。——编者

德军的战役（campaign）夏天才开始，这也是不得已，因为冬季来临时，军队一般要找一个暖和的地方躲起来，等待风雪期过去。春天一到，他们才能再次上战场（campagne），因此部队通常会在夏天打仗（campaign）。

Campagne这个词来自拉丁语中的campus，意思是field（战场）。战场上最勇敢的士兵被称为campiones，由此产生了champion（冠军）。这么说来，获得champagne campaign（香槟比赛）的champion可就是冠军中的冠军喽。

Field可以有很多用途。比如人们可以在上面建一所大学，这样就有了university campus（大学校园）。然而campaigning armies（作战部队）做得最多是把帐篷拿出来，固定好拉锁，搭起帐篷（pitch camp）。

其实，还有一件事也是他们常做的。部队里一般都是男人，年轻男人，没有女人陪伴。这就意味着，士兵们可以理直气壮地从帐篷中溜出去寻求性安慰。罗马人把这种行为叫作excampare，法国人叫作escamper，我们称之为scampering（疾走）。

令这些年轻的勇士（champions）为之出逃的女士们被称为随军妓女（camp followers），她们虽不具美德，却很有职业道德，她们会追随着这些士兵，按小时收取感情租借费。

随军妓女当然不是什么上等的女人（broads，顺便说一下，

broad指的是国外的女人，a woman abroad）。她们喜欢浓妆艳抹，一眼看上去就不是淑女，她们衣着艳丽，头发染得很难看。"一战"期间，英国士兵把这种打扮叫作get-up campy（奇怪的、做作的打扮）。他们还把这种为满足性欲而违法出逃的行为称为camp。很快，camp就用来指代与人发生违法性行为、化妆或穿裙子的男人，直到现在，我们还用camp it up来形容忸怩作态、浓妆艳抹的肉麻男人，这些人手里通常还端着一杯粉红色的香槟酒。

Camp因为有"战场"之意，在德语中化身为kampf，表示战争。因此希特勒的书《我的奋斗》（*Mein Kampf*）可以被形容为"非常肉麻"（camp）。

Insulting Names
侮辱性的名号

这事听起来可笑，希特勒永远不会称自己为Nazi（纳粹）。实际上，如果有人真要说他是Nazi，他会非常生气。他情愿把自己称为国家社会党的一员（National Socialist），而Nazi对他来说一直都是一个侮辱性称号。

希特勒领导的是国家社会主义德国工人党（德语为

Nationalsozialistische Deutsche Arbeiterpartei，英文名称为 National Socialist German Workers'Party），这个名字听起来很唬人吧。但是，就像 Cambridge University Netball Team（剑桥大学英式篮球队，缩写为CUNT[1]）一样，希特勒并没有把这个名字想清楚。你看，他的对手就意识到Nationalsozialistische可以缩写为Nazi。为什么他们会这么想呢？因为长期以来，Nazi一直都是一个侮辱性词语，虽然之前与希特勒毫无关系。

每个民族都有自己的笑柄。美国人取笑波兰人，英国人取笑爱尔兰人，而爱尔兰人取笑来自南部的科克郡人。20世纪初德国笑话中的经典笑料是愚蠢的巴伐利亚农民。爱尔兰笑话中经常出现Paddy这个名字，而巴伐利亚笑话中经常出现一个叫Nazi的农民，那时候Nazi是一个非常普遍的巴伐利亚人名Ignatius的缩写。

这就是说，希特勒的反对派有了一个公开的目标。希特勒领导的这个党的名称可以缩写为经典笑话中对土包子（hicks）的称呼。（顺便说一下，hick一词的来历与Nazi一词几乎如出一辙。Hick是Richard这个名字在乡下的缩写，后来成为无知的农民的俗称。）

试想一下，假如一个来自亚拉巴马州的右翼分子发动一场革

---

[1] cunt意为"娼妇"。——译者

命，叫作Red States for the Next America（Red与Nex合在一起组成rednecks[1]），那么他与希特勒的行为也是如出一辙的。

希特勒和他的追随者们面对Nazi这样一个侮辱性称呼不知如何是好，一开始，他们对这个词恨得咬牙切齿，后来曾一度想挽回这个词的声誉，就像同性恋者试图挽回queer这个古老的侮辱性词语一样。但他们一旦掌握权力，就开始采用更加简单粗暴的方式了——迫害反对者，迫使他们离开自己的国家。

这么一来，流离失所的难民开始到处控诉Nazi的罪行，因此，德国以外的人想当然地认为Nazi就是希特勒党的官方称呼。同时，留在德国的德国人只能顺从地称其为德国国家社会主义工人党（Nationalsozialistische Deutsche Arbeiterpartei），至少有警察在场的时候必须得这么叫。现在，我们大部分人都盲目以为纳粹党们也称呼自己Nazis，事实上，如果你在他们面前提起这个词，肯定会遭暴打的。

上述种种都与Ignatius这个名字非常普遍有关，为什么Ignatius在巴伐利亚如此受欢迎呢？原来巴伐利亚人大部分是天主教徒，非常喜爱耶稣会（Society of Jesus）的创立者St Ignatius of Loyola（圣依纳爵·罗耀拉），而Society of Jesus有

---

[1] rednecks表示美国南方保守的乡下人。——译者

一个更广为人知的名字，叫作Jesuits。

Jesuits成立于17世纪，目的是为了对抗崛起的新教，那时新教已经成为英国的国教。Jesuits很快因为聪明而声名鹊起，但由于它的聪明主要针对新教徒，因此英国的新教徒就用它的名字创造了一个形容词——Jesuitical，并用它来表示聪明反被聪明误，也就是使用逻辑诡辩代替常识的人。

这对于可怜的Jesuits来说有点儿小小的不公，因为耶稣会曾经教育出很多历史上非常有名的人物：菲德尔·卡斯特罗、比尔·克林顿、夏尔·戴高乐、红衣主教黎赛留、罗伯特·奥特曼、詹姆斯·乔伊斯、汤姆·克兰西、莫里哀、阿瑟·柯南·道尔、平克·劳斯贝、弗雷迪·默丘里、勒内·笛卡尔、米歇尔·福柯、马丁·海德格尔、阿尔弗雷德·希区柯克、埃尔莫·伦纳德、斯宾塞·屈塞、伏尔泰，以及乔治·勒梅特。

如果上述名单中最后一个名字你不熟悉，那真是不应该。高级教士乔治·勒梅特是20世纪最重要的科学家之一。1927年，他提出了一个伟大的思想——原始原子理论（Primeval Atom），这个词你肯定没有听说过。

因为Primeval Atom与Nationalsozialistische Deutsche Arbeiterpartei一样，没有流传下来，这个名字消逝了，取而代之的是一个侮辱称号。

原始原子理论确信宇宙并不是永恒存在的，相反，它始于137亿年前，所有物质都包含在一个单一的点上，也就是原始原子上。这个点爆炸、膨胀，宇宙空间冷却，星系形成，如此等等。

许多人不同意这一理论，包括英国天文学家弗雷德·霍伊尔先生（Sir Fred Hoyle）。他认为，宇宙一直都存在，并开始攻击勒梅特的理论，称其为"愚蠢的"，他还绞尽脑汁，想出了他能想到的最愚蠢的名字来指代它，这就是他所说的"大爆炸理论"（Big Bang Theory），他希望"大爆炸"（Big Bang）这个词能够显示勒梅特的想法是多么天真和简单。

名字往往不是努力获得的，而是别人强加给你的。而且给你取名的人常常并不知道他们在做什么，甚至有时名字只是孩子一时口误的结果。

Peter Pan
彼得·潘

有时候,有些名字几乎就是无中生有得来的。威廉·亨利（W. E. Henley，这位诗人除了《不可征服》，并没有其他名作）[1]有一

---

[1] 感谢上帝。

个女儿名叫玛格丽特（Margaret）。不幸的是，玛格丽特5岁时就夭折了，但幸好她之前遇到了 J. M. 巴里[1]。她非常喜欢巴里，称他为自己的朋友——friendy，但她只有5岁而且病得不轻，只能发出 wendy 的音。

随后，巴里写了一个剧本，讲述了一个名叫彼得·潘的小男孩带着一个女孩和她的两个弟弟来到一个名叫永无岛（Neverland）的地方。为了纪念小玛格丽特·亨利，巴里给女主人公取名为温迪（Wendy）。小玛格丽特因此获得了永生，因为这个故事非常受欢迎，几乎家喻户晓，父母们给自己的孩子取名时都不由得采用故事中主人公的名字。这听起来有点儿不可思议，因为故事中的小女孩是趁家里的狗狗一个不注意就与陌生男孩离家出走的，不知道父母们怎么会如此喜欢"温迪"这个名字！

在《彼得·潘》中，温迪不幸被箭射中身亡。幸好她的死不过是一个噱头，因为她"死"后不久就可以在睡梦中开口歌唱，歌词唱的是她想要一所房子，于是彼得和他的伙伴在她沉睡的身体旁建造了一个小屋，这就是第一个 Wendy House（儿童游乐室）的由来。

我们再回到伦敦，说一说温迪的父亲达林先生，因为女儿

---

[1] J. M. Barrie（1860—1937），英国戏剧家、小说家。——译者

的失踪，他郁郁寡欢，并认为一切都是自己的错，因为是他让自己家的狗睡在外面的狗舍里才导致女儿丢失。为了赎罪，他开始睡在狗舍里。后来，他从未离开过狗舍半步，自己每天的工作也在狗舍完成。他谦恭有礼，每当有女士向内张望时，他都会将帽子轻轻抬起以示问候，但就是不离开狗舍（remain in the doghouse）。《彼得·潘》大受欢迎，达林先生的命运 in the doghouse，该词被赋予了"受冷遇、身处窘境"的含义，成了一个俗语。

由《彼得·潘》这个故事产生了一个名字——Wendy，一个名词——Wendy House，和一个俗语——in the doghouse，除此之外，巴里在他的故事中也使用了已有的名字。

《彼得·潘》的崇拜者中最有名的要数迈克尔·杰克逊了。他是一名歌手兼作曲家，他把自己的家命名为 Neverland。这说明杰克逊是从小说版的《彼得·潘》中得来的名字，因为在原剧本中，彼得的住处不叫 Neverland，而叫 Never Never Land，巴里选用的这个名字源自一个完全真实的地方。

Never Never Land 是澳大利亚最偏远、最不适合人类居住的地方，它位于昆士兰以及澳洲北部地区。现在这个地方通常被澳大利亚人简称为 The Never Never。为什么这个地方用一个表示时间的词来命名？其中缘由众说纷纭。

1908年的时候有人声称，这个地方之所以叫Never Never，是因为住在那里的人永永远远不想离开。这个解释太没有说服力了，简直可以获得"最不具说服力"奖。更早一些的、稍可信的解释来自1862年的《绅士杂志》：

> 澳大利亚有一块广袤、荒凉的土地，一个让人心碎的地区，被命名为"Never-Never"。之所以被如此称呼，我认为与旅行者第一次看到一片无垠荒地时的感受有关，这块干旱的荒原给人们的第一感觉是他们永远不会再来了。

然而这个地名真正的来历还要更古老，而且与种族有关。1833年的一本书记录了当地原住居民进行的奇怪的和平战争。

> 当然，在战斗中更多的是商讨而不是打仗，因此对方希望他们有朝一日可以派出自己的信使来劝服文明人相信：割破一个活人的喉咙远比在他死后吃掉其身体要糟糕得多。
> 我在利物浦平原没有遭遇任何部落，这让我颇感失望，畜牧工人们告诉我他们都去与Never-never的黑人打仗了，这些黑人之所以被称为Never-never，是因为他们从此之后再也不会与白人接近了。

这么看来，巴里想象的这个地名源自澳大利亚人对部分黑人的称呼，这些黑人永永远远都不想与白人有瓜葛。想一想迈克尔·杰克逊，这个来历是不是颇有点儿不可思议？

Herbaceous Communication
草本沟通

就在Never Never这个名字尘埃落定之际，英国人觉得一个有美丽沙滩、阳光充足而温暖的国家比较适合作为罪犯流放地。如果在英国维多利亚早期你因偷窃一块面包而获罪，你就会被送到澳大利亚，那里虽阳光充足，面包却不多。这个制度在1850年被废除，因为英国人得知澳大利亚实际上很适合居住，流放澳洲不该视作惩罚，认定圣诞节之际徜徉在沙滩上并不能实现法官所描述的"公正的惩罚措施"（a just measure of pain）。

有一些胆大的被流放者没有加入流放地的劳动大军，因为在那儿，他们要么被迫做苦役，更糟糕的是还要接受惩处，因此，他们跑到了澳大利亚更加偏远的地方继续作案。澳大利亚的警方会紧追不放，希望抓捕他们，将他们放逐到其他地方。然而这个逍遥法外的群体宁愿做绿林好汉，而不是被警方抓获，他们还会将警方的行踪秘密通知其他潜逃的罪犯。这种令人恼火的非官方通信方式被称为丛林电报（bush telegraph）。

关于bush telegraph的记录直到1878年才出现，那是因为电报机在1853年才引进澳大利亚。在美国，电报机早在1844年就出现了，美国人只用了六年就发明了他们自己的bush telegraph。

美国内战期间，葡萄藤电报（grapevine telegraph）非常盛行，但没有人清楚是谁以及为什么发明它。联邦军队士兵似乎认为自己创造了"葡萄藤"（grapevine）这个说法，这个词听起来南方味十足而且透着懒洋洋的韵味。现代美国资料证实了这个说法：

我们曾经把叛军的电报叫作"葡萄藤电报"（grapevine telegraph），因为他们通常在晚餐后用酒瓶传递情报。

然而，还有一种说法是，南部的奴隶，也就是那些采摘葡萄（grapes）的人，才是"葡萄藤电报"真正的最早使用者。在另一个相似版本中，"葡萄藤电报"被认为是"地下铁路"（Underground Railroad）的姐妹制度，"地下铁路"用来比喻帮助南方奴隶通向自由北方的地下交通网。

1876年，亚历山大·格雷厄姆·贝尔发明了电话，从此，电报——或叫丛林（bush）、葡萄藤（grapevine）或其他——很快就成了土老帽（old hat）[1]。电话对英语语言有很大的影响。首先，电话让曾经籍籍无名的问候语hello广泛流行起来。在电话发明之前，人们相互问候时用good mornings、days、nights，但是有了电话后，跟你通话的、电话那头的人可能没有资格享受美好的一天（good day），这时候人们就需要一个替代问候语了。贝尔自己坚持用直白的航海用语ahoy作为打电话的开场白，但这个词没有流行起来，而hello一词异军突起，逐渐成为标准的英语问候语。

电话的另一个影响是让电报（telegraph）一词显得过时了。因此那些非官方的交流干脆被称为grapevine（葡萄藤，意指小道消息、传闻），这就可以解释为什么马文·盖伊1968年在歌中唱到，他通过小道消息（through the grapevine）听到了心上人的计划——一个令人沮丧的消息。

Papa Was a Saxum Volutum
老爸是个老摇滚

然而，《我道听途说的》(*I Heard It Through the Grapevine*)

---

[1] 1776年的一本词典中将old hat定义为女人的私处，因为经常被触摸。

这首歌并不是马文·盖伊自己写的,而是由诺曼·维特菲尔德和巴瑞特·史特隆写给他的,他们还共同写了经典歌曲《老爸是滚石》(*Papa Was a Rollin' Stone*),歌曲的名字来自另一个古老的短语。

滚动的矿石早已在摇滚名人堂中占有一席(流动)之地。鲍勃·迪伦写过一首歌,名字叫《像块儿滚石》(*Like A Rolling Stone*),一些来自伦敦的学生成立了一个名叫"滚石"(The Rolling Stones)的乐队,名字来自马迪·沃特斯的歌曲《滚石》(*Rollin' Stone*)。

这些摇滚歌手都在借用"滚石不生苔"(a rolling stone gathers no moss)这个比喻,托马斯·怀特1530年在诗歌中如此写道:

A spending hand that alway powreth owte

Had nede to have a bringer in as fast,

And on the stone that still doeth tourne abowte

There groweth no mosse: these proverbes yet do last.

人若花钱如流水

须有财源滚滚来,

滚石之上难生苔

古谚真谛说明白。

这个谚语还出现在1500年伊拉兹马斯（Erasmus）的格言中，用拉丁语表达就是saxum volutum non obducitur musco。但问题是为什么这些石头是滚动的呢？实际生活中我们极少能亲眼看到石头从山上滚下来，一块石头从山上滚到山脚通常只要几秒钟，然后就停下来了。这个短短的过程不会把青苔滚落多少下来，如果真的被抖掉了，青苔随即又会长回去。要想使石头不长苔藓，必须得让它经常不断地滚动。

因此，rolling stone最初并不是指滚下山坡的岩石。事实上，1611年的一本词典恰恰向我们解释了这种不长苔藓的滚石，它其实是园艺工人使用的一种工具，用来保持草坪整洁、平整。如果勤劳的园丁每个周末都使用这种工具修整草坪，就会发现自己所用的滚石上没有长青苔（rolling stone gathers no moss）。

也就是说，米克·贾格尔、鲍勃·迪伦以及马迪·沃特斯们都是在用"滚石"表示勤劳的园艺工。而20世纪最成功的乐队——滚石乐队也属于勤劳的园艺派。

然而，"不生苔"（gathering no moss）的说法实际上早于上文中"园艺工具"的出现，你可以在14世纪中期的石头地板上发现这样的文字：

Selden Moseþ þe Marbelston þat men ofte treden.

这句话可以大致翻译为：经常被人踩踏的大理石上不会生出苔藓。而此语出自一首神秘的讽喻诗，名叫《农夫皮尔斯的幻想》（*The Vision of Piers Plowman*）。在我们开始下一节之前，猜一猜皮尔斯（Piers）与鹦鹉（parrot）有什么关联？

Flying Peters
飞翔的彼得与小海燕

《农夫彼得》（*Peter Plowman*）是《农夫皮尔斯》（*Piers Plowman*）的另一种叫法，因为在这首诗歌中的农夫是耶稣理想门徒的代表，是使徒中的首领，也是第一个教皇，当然，他的真实名字并不是彼得。

很久以前有一个渔夫名叫西门（Simon）。他遇到一个叫耶稣的小伙子，耶稣给他取了个绰号"磐石"（The Rock，或许是为了让他为职业摔跤手做好准备），在希腊语中就是彼得罗斯（Petros）。

> 耶稣对他说，西门巴约拿，你是有福的。……我还告诉你，你是彼得，我要把我的教会建造在这磐石上，阴间的权柄，不能胜过他。

听闻此话，西门简直目瞪口呆。这个叫耶稣的人，不仅给他重新取了名字，而且居然违背你所能想到的任何关于安全和健康的条条框框决定在水上行走，并且鼓励彼得也那样做。结果很糟糕。

夜里四更天，耶稣在海面上走，往门徒那里去。门徒们看见他在海面上走，就惊慌了，说，是个鬼怪，便害怕，喊叫起来。耶稣连忙对他们说，你们放心。是我，不要怕。

彼得说，主，如果是你，请叫我从水面上走到你那里去。耶稣说，你来吧。彼得就从船上下去，在水面上走，要到耶稣那里去。只因见风太大，就害怕了，将要沉下去，便喊着说，主啊，救我。

听完这个故事，你会把风暴来临前将自己的爪子划过水面的海鸟叫作什么呢？你是否也会叫它风暴彼得（storm peter）呢？然后你再琢磨琢磨这几个字母，就像小公鸡（cockerel）是从公鸡（cock）变来的，最终，这海鸟就变成了小海燕（a storm petrel）。

Peter 到了法语中变成了Pierre，Little Peters 被称作Pierrots。不知道出于什么"法理"，在法语中，麻雀就被叫作perots。又

163

不知出于什么奇怪的理由，英国后来引进了这个词，并把它变成了parrot。这个词首次出现在都铎王朝时期的作家约翰·斯科尔顿（John Skelton）的诗中，就是那个喜欢把自己的诗歌叫作"押头韵的傻话"的斯科尔顿。他写了一首攻击沃尔西主教的诗，名叫*Speke, Parrot*，不幸的是，这首诗的一些片段居然流传了下来。

16世纪末，在同样一个毫无意义但名字却很响亮的作品中，作者托马斯·纳什（Thomas Nashe）将parrot变成了动词，这部作品的名字叫*Have With You To Saffron Walden*，这是一部充满恶意谩骂、令人费解的作品。

鹦鹉（parrot）在语言学上非常有价值，因为它能够保留死者的语言。19世纪初有一个探险家名叫亚历山大·冯洪堡（Alexander von Humboldt），他当时在委内瑞拉发现了一只老鹦鹉，这只鹦鹉仍然在重复着一些阿图（Ature）部落的语言。当时已经没有人会说那种语言了，因为阿图部落在几年前已经被全部消灭了。另外一个部落把那里的人全部屠杀，凯旋而归，其中的一个战利品就是这只宠物鹦鹉。它仍能发出曾经抚养它的部落的人曾说过的只言片语。因此，委内瑞拉文明只能从这只鹦鹉的学舌中探求蛛丝马迹了。

Venezuela and Venus and Venice
委内瑞拉、维纳斯和威尼斯

委内瑞拉（Venezuela）这个名字与维纳斯（Venus）并没有关系，但发明这个词的人通过姻亲关系与维纳斯发生了某种联系。

亚美利哥·韦斯普奇（Amerigo Vespucci）是意大利佛罗伦萨的探险家，他因三件事而出名：第一，也是最令人费解的，他是贵族马尔科·韦斯普奇的表兄弟。马尔科娶了一个女孩名叫西莫内塔·卡特娜，她或许是从古至今最漂亮的女人。她的美貌让人念念不忘，即使在她死后（1476年），波提切利仍然以记忆中她的模样为原型（当时已有大量以她为原型的画作）创作了作品《维纳斯的诞生》（*Birth of Venus*）。

我们再继续说亚美利哥：他出身没有表兄那么高贵，因此只能到银行工作。然而金融世界并不能留住他，在葡萄牙国王的邀请下，他开启了对新大陆早期的探险之旅。返回意大利之后他写了几本游记来记录这次旅程。这些记录都是用拉丁文所写，因此他的署名也是Amerigo的拉丁写法：Americus。

他的其中一本游记落到一个名叫马丁·兰德斯穆勒（Martin Landseemuller）的人手中，此人是一个地图制造者，他立即制作了一个标有新大陆所在地的地图。他本来要把新大陆叫作

Americus，但转念一想，以-us结尾的词来命名一块大陆似乎不妥，而且非洲（Africa）、亚洲（Asia）、欧洲（Europa）都是以阴性词尾A结尾的，于是他决定把新大陆称为America。

最后，亚美利哥·韦斯普奇将南美洲的一部分地区命名为小威尼斯（Little Venice），用西班牙语来说就是Venezuela（委内瑞拉），因为很多当地部落的居民所住的小屋都修建在水上并由木桩支撑，看上去就像飘摇的微型威尼斯（Venice）。

What News on the Rialto?
里亚尔托有什么新闻？

虽然排水问题严重，但威尼斯却为英语语言贡献了不少词语，其中包括"大陆"（terra firma）一词。这个城市有好几个地点被收录进词汇表。比如，贫民窟（Ghetto）和制造军舰的兵工厂（Arsenale）最早都产生于威尼斯。最早的帆船比赛（regattas）是在威尼斯的大运河上举行的，威尼斯城所处的潟湖是最早的潟湖（lagoon，其与英语中的lake、苏格兰语的loch，甚至lacuna一词都是同根词）。

威尼斯城是现代民主政治的发源地，投票选举（ballot）

这个词就源自威尼斯的词语ballotte，意思是"小球"（small balls）。Ballot一词进入英语世界是由于威廉·托马斯（William Thomas）的著作《意大利历史》（*The Historie of Italie*）中的记述，威尼斯人正是通过把不同颜色的"小球"（ballote）放入袋中来投票表决的。

类似的造词过程也发生在古希腊投票表决中。每当古希腊人决定是否放逐某个不守规矩的人时，都会将一小块儿黑色或白色的陶片放进一个盒子当中，白色的陶片表示可以留下，而黑色则表示放逐。这些陶片被称为ostrakons，由此产生了ostracism（放逐、陶片放逐法）。Ostracism与ostriches（鸵鸟）没有任何关系，但与oysters（牡蛎）有着远亲关系（两个词都与骨头有关系）。

从blackballing（投黑球，表示反对）可以看出这种做法与称呼一直保留到了现在。在英国的绅士俱乐部中，只要"投球（票）盒子中出现一个黑球"，加入俱乐部的申请就会被拒绝。

在古代的锡拉库扎，流放的表决不是用陶瓷碎片，而是用橄榄树叶，因此ostracism就变成了更漂亮的词——petalismos（以橄榄叶表决的驱逐法）。

威尼斯城也是现代报纸的发源地。16世纪中期出现了讲述贸易、战争、价格以及其他所有威尼斯商人都希望了解的信息的纸张，这些纸张非常廉价，被称为"价值半个便士的新闻"

（halfpenny-worth of news），用威尼斯人的方言表示就是：a gazeta de la novita。Gazeta是面值很小的威尼斯硬币，之所以叫作Gazeta是因为硬币上印有喜鹊（magpie或gazeta）的图片。因此gazette就有了双重表意功能：既能代表新闻的廉价，又可以表示从一开始报纸就像叫喳喳的喜鹊一样不可信，处处都是无用的小玩意儿，就像喜鹊窝里偷来的小东西一样。伊丽莎白时期的语言学家约翰·弗洛里奥曾经将gazettes描述为"来自意大利，也就是罗马与威尼斯，充满各种报道、日常琐事、无聊情报或者骗人的故事"。

这与我们现代的杂志（magazine）多么不同啊！现在，你可以猜一猜，为什么杂志既是一个写满新闻的、用亮光纸印刷的东西，又是一个装满子弹的金属物件？

Magazines
杂　志

很久以前，阿拉伯语中有一个词khazana，意思是"储存"（store up），由此产生了makhzan，表示仓库、储藏室，它的复数是makhazin。这个词向北航行穿过地中海（地球的中部）进入意大利语中，变成了magazzino，接着它又步行前往法国，变为magasin，在跳上小船到达英国成为magazine之前，它仍然保留着"仓库"的意思，通常指军事上的，因此就有了枪里的弹匣的意思。接下来，爱德华·凯夫（Edward Cave，1691—1754）出现了。

爱德华·凯夫打算定期印制一些受过教育的伦敦人可能感兴趣的东西，可以是政治、园艺或玉米价格等任何方面的。他四处为自己的新刊物寻找名字，最后决定叫它《绅士的储藏室：或商人的每月情报员》(*The Gentleman's Magazine: or, Trader's Monthly Intelligencer*)。任何人都可以看出（因为没有神明相助，我们只能猜测凯夫的思维过程），他希望这个名字能够暗示自己的出版物就是绅士们的智力武器，也或许他在暗示这是一个信息的储存室。

该出版物在1731年首次发行。主要内容不外乎其他出版物上的故事文摘，但也有自己的专栏，写的是世界各地发生的奇闻异事，比如：

> 来自法国第戎的一个人不见了踪影，他的亲属指控他的一个死敌谋杀了他，于是用尽各种方法折磨此人逼其招供，此人忍受不住折磨只好承认了谋杀，因此被活活打死，另外两个同谋也被绞死。然而不久后，那个被认为已被谋杀的人回到了家中。

或者从法庭上收集来的趣闻：

> 今天一个叫蒂姆的人因在巴利沃兰谋杀和抢劫莱格尔先生及其夫人被处以绞刑两分钟，之后他的头被砍下，肠子被挖出扔在他的脸上，他的身体被分成四份分别放在四个交叉路上。他原是莱格尔先生的奴仆，与另一个女仆琼康登合谋杀害了自己的主人，女仆被判烧死。

事实上第一期的内容都是关于谋杀和处以死刑的故事[1]，由于普通读者都喜欢有点儿血腥的故事，因此《绅士的储藏室：或商人的每月情报员》大获成功。但是它名字有点儿长而且拗口（mouthful），于是在1733年，杂志名称中的"每月情报员"（Monthly Intelligencer）部分就被去掉了，取而代之的是一句口号：性价比高，内容比同类书籍更多、更广。（Containing more in Quantity, and greater variety, than any Book of the Kind and Price.）

但想象一下，如果凯夫决定将名字中magazine部分去掉，那我们现在购买的可就是"情报员"（intelligencers）了。凯夫

---

1 我本想数一数总共有多少桩，但放弃了。

的反复无常改变了英语。如果不是他，色情杂志（porn mags）现在可能就被叫作"性情报员"（carnal intelligencers）了，如果真这么称呼，我保证世界会变得更美好。

并且，凯夫的杂志为一个身无分文、籍籍无名的作家提供了一份职业，他就是塞缪尔·约翰逊博士（Dr Samuel Johnson）。

Dick Snary
词　典

就我现在所写的这本书而言，本应该，也非常适合拿出一节来写塞缪尔·约翰逊的词典。但我决定不这么做，毕竟约翰逊并不是第一个编纂英语词典的人。在他之前以及之后都有很多英语词典问世。约翰逊的词典主要的推荐理由是他对"咳嗽"的定义：肺部的一种痉挛，因为一些强烈的浆液发生的颤搐。

在约翰逊博士之前，词典已经存在好多年了。约翰逊的词典出版于1755年，而对词典的戏称——Richard Snary，则最早出现在1627年。那么Richard Snary又是谁呢？

一个乡村小伙子，因为称呼别人受洗时的名字受到责骂，主人让他去借一本词典，他就想如果我说要借的是Richard Snary 会不会显得更有文化？

一个词总是比它的双关词历史更久远。"词典"（dictionary）一词是一个叫约翰·加兰的英国人在1220年创造的。但当时的dictionary 与我们现在的理解不同，他只是写了一本书帮助人们在使用拉丁语时措辞得当。

最早的"词典"都是为翻译者所编写的双语对照的词汇表。比如，1552年的《英拉词典》(*Abecedarium Anglico Latinum*) 就是一本非常有用的书，在这本"词典"中你会看到拉丁语用scapularis（肩胛骨）表示"经常拍打肩膀的姑娘"，它还收录了一些奇妙的，但后来却消失了的英语单词，如wamblecropt（意思是犯恶心病）。

1604年考德里编写的《字母表》(*Table Alphetbetical*) 是第一本不完全为翻译人员所编写的"词典"，这是一本"实用英语词汇表"，收录了如concruciate（折磨或激怒）、deambulation（户外走动）、querimonious（牢骚满腹）、spongeous（像海绵一样）、boat（船只）等词语。

然而，第一本真正以"词典"命名的词典是亨利·考克鲁姆（Henry Cockeram）编写的《英语词典或实用英语词汇解析》

(*The English Dictionarie, or, An Interpreter of Hard English Words*),出版于1623年。当然这本词典仍然不够全面,但却非常实用。在1623年之前,的确有人不知道acersecomicke就是永远不修剪头发的人,adecastick则表示死活都要剪掉头发的人。1623年之后人们就可以查到这些有用的词语了。四年后,Dick Snary就"出生"了。

接下来就是南森·贝利(Nathan Bailey)在1721年编写的《通用词源词典》(*Universal Etymological Dictionary*),它收录了四万个单词,仅仅比约翰逊博士的词典少几千个词。事实上约翰逊的词典的突出之处并不在于比别的词典更大、更准确(虽然他的词典在这两方面的确稍有优势),而在于它是约翰逊编写的,这可是英国最有学识的人毕生所学的结晶啊!

假如你生活在英国18世纪早期,正在和一个朋友讨论indocility这个词的意思,你抽出南森·贝利的《通用词源词典》,从书中翻找到了它的定义:

Indo' cibleness Indo' cilness Indoci' lity

[indocilitas indocilité indocilità (L.)]

unaptness to learn or be taught.

学习不灵光,教起来费力气。

你回到自己的椅子上坐下,满脸得意的神情,直到你的朋友问你,这个南森·贝利是谁?"呃呃,"你小声嘟囔说,"他是斯特普尼一家学校的校长。"

听起来没什么了不起。

但是约翰逊博士就不同了,他是英国最重要的学者,我们来看看他对indocility所做的解释:

Indoci' lity n. s. [indocilité, Fr. in and docility.]
Unteachableness, refusal of instruction.
不可教授,拒绝教导。

这个解释背后有着约翰逊式的权威。虽然如此,贝利的词典的销售量还是远远甩出约翰逊词典几条街。

接下来登场的是诺亚·韦伯斯特(Noah Webster),此人无趣至极,大可以跳过不谈;这样我们就可以直奔《牛津英语词典》(OED,全称为:Oxford English Dictionary)了。它是至今最伟大的词典,这么说并非出于英国为中心的大国沙文主义,因为这本词典主要是苏格兰人与美国人合作的产物。这本词典的诞生涉及谋杀、妓女以及其他各种有趣的桥段。如果你的精神不够强大,最好跳过下一节,因为对大多数人来说,《牛津英语词典》的故事太过恐怖，会让你做噩梦。

还没被吓跑？那好，还想继续读下去的读者，你能说一说阉割阴茎的医学用语是什么吗？它与OED又有什么关系呢？

Autopeotomy
自切阴茎

《牛津英语词典》是迄今最伟大的参考书，它主要是由一个14岁辍学的苏格兰人和一个犯了罪的美国疯子所著。

这个苏格兰人名叫詹姆斯·默里（James Murray），起初只是个放牛娃，他自学了拉丁语、德语、意大利语、古希腊语、法语、盎格鲁-撒克逊语、俄语、汤加语……其实，没有人确切知道他到底学了多少种语言。通常说的是25种。后来，默里成了一名学校教师。在19世纪60年代，他为了妻子的健康搬到伦敦居住并成为语言学会（Philological Society）的一员。

语言学会正计划编写一部词汇收录最全的词典。最终他们与牛津大学出版社达成协议，而当时还是教师的默里成了编辑。

《牛津英语词典》的编写计划是要追溯英语语言中的每个词的发展轨迹，所有的词将按照时间顺序给出定义并通过引用当时的原文进行举例。引用原文也不是什么难事，只要你读过所有用英语写过的书就行了。

即使是默里也不能独立完成这项工作，于是他通过广告招募读书志愿者[1]，志愿者们需要把能找到的书全部通读，并摘抄出重要的例句。

现在让我们暂时放下默里不表，把目光投向1834年的斯里兰卡，我们会看到一对来自新英格兰的传教士夫妇，他们正努力改变岛上的异教徒们的信仰，引导他们皈依基督教。这对夫妇男的名叫伊士曼·迈纳，女的名叫露丝·迈纳，他们刚刚生下一个儿子——威廉·迈纳（William Minor）。

迈纳夫妇是虔诚的教徒，很早他们就发现小威廉对女孩的兴趣过于浓厚。或许因为他们是清教徒，过于保守，但从后面发生的事情来看，他们还真有点儿先见之明。

不管怎样，迈纳夫妇认为威廉对异性的迷恋一是有问题的，二是这个问题可能与斯里兰卡人有关。于是，他们把儿子打包送回了美国的寄宿学校，让他在19世纪美国健康的空气中清醒清醒。

在寄宿学校期间，威廉·迈纳并没有留下性生活记录，这真

---

[1] 严格地说，默里在被任命为编辑之前就已经打出广告了，在这里我们就简化一下这个过程。

是让人松了一口气。我们知道，后来他进入耶鲁大学学医，当时恰逢美国内战爆发，他便作为一名战地外科大夫参加了联邦军队。

当医生通常是一件愉快的事。给别人治好了病，人家会很高兴。即使治不好，人家也会感激你的努力。然而，迈纳所做的事情却与希波克拉底誓言没有什么关系，他被指派给逃兵们脸上刻字。

如果有人从联邦军队里逃跑被抓获，他的脸上就会被刻上一个大写字母D以告知所有人他是一个逃兵、一个懦夫。迈纳就是负责在他们脸上刻字的人。不管多么不情愿，至少被他刻过字的人当中有一个爱尔兰移民，这一点对后面发生的事很重要。

战争过后，迈纳被派往纽约，但他大部分时间与妓女混在一起，这让部队非常尴尬，只好又把他送往佛罗里达。因为嫖妓太多而成为纽约的丑闻真是一个了不起的成就，因为嫖妓太多而让部队都认为过头了也不是一般人能做到的。威廉·迈纳的父母还真是预料得不错。

接下来迈纳就彻底发了疯，部队决定将他彻底清除出去。迈纳搬到英国调养，在伦敦的朗波斯区居住下来，这个地区（事有凑巧）当时妓女很多。然而，妓女并不是什么问题，真正的问题是在逃兵脸上刻字的经历，这样的经历仍然折磨着迈纳的心灵。

有一天，迈纳遇到了一个名叫乔治·麦瑞特的爱尔兰人，他平白无故地认定这个麦瑞特就是当年他给刻过字的爱尔兰人，现在人家是来复仇了。迈纳掏出手枪将麦瑞特击毙。这个事情非常蹊跷，因为麦瑞特脸上并没有大写的D字。当然，迈纳因此犯了法。

在接下来的审判中，威廉·迈纳被认定为一个彻头彻尾的疯子，被关在布罗德莫精神病院，那是一个全新的精神病罪犯收容所。布罗德莫实际上并不是非常糟糕的地方，它是一家医院，而不是监狱，迈纳的钱足够他雇用一个男仆以及购买他能读的所有的书。正是在布罗德莫，他看到了默里登出的关于招募读书志愿者的广告。

迈纳有大把的时间，而且有精神病犯人这样的优势，这在词典编纂中一直都是加分项。因此他开始阅读。他不停地读啊，读啊，写啊，写啊，然后把写下的笔记寄给默里。他给默里寄出了几百页的笔记，又寄出了几千页的笔记。迈纳对《牛津英语大词典》贡献巨大，默里后来甚至说，从都铎王朝至今，整个现代英语语言的发展只靠迈纳的例子就可以完全解释清楚。

但是迈纳从没有透露过他的身份。他似乎对谋杀一事非常在意，而在英国，布罗德莫精神病院这个地址写上去可不那么体面，迈纳给默里的所有信件落款都是"W. C. 迈纳，克罗索恩，伯克郡"，这也大体正确，因为克罗索恩是距离布罗德莫最近的城镇。

直到19世纪90年代，詹姆斯·默里才发现他的大功臣，他词典的奠基人居然是一个发了疯的谋杀犯。发现这个事实后，默里立即前去拜访迈纳，他们从此成为铁杆兄弟。他们本来是不同的人，但凑巧的是，他们长得的确像兄弟——都留着大胡须，白发飘飘，而且都喜欢文字。默里努力从精神上给予迈纳支持，但似乎没有效果，因为迈纳在1902年割掉了自己的阴茎。

这种行为被称为autopeotomy（自己切除阴茎），一般情况下，没有经过深思熟虑不要尝试。但是迈纳的理由很充分。被关在精神病院期间他进行了反思，认为他的父母以及部队都是对的，他的问题都是由于性欲望太强造成的。迈纳也许是正确的，但大部分人为了抑制自己的性冲动可能会理智地切掉自己的睾丸（例如早期的基督教作家奥利金就是这么做的），而自切阴茎带来的问题之一就是小便困难，因此威廉·迈纳陷入了麻烦与痛苦之中。

默里出手帮助迈纳，1910年，他说服英国内政大臣释放了迈纳并将他遣送回美国。迈纳回到自己的祖国，并在那里去世，同他一起回国的是已经编写完成的六部《牛津英语词典》。这些成果是否能够让他从失去阴茎（membrum virile）的痛苦中得到些安慰，那就不得而知了。

现在，我的问题是那位释放他的内政大臣是谁？他帮助命名了哪种武器？

Water Closets for Russia
俄罗斯人的厕所

　　威廉·迈纳是在温斯顿·丘吉尔的命令下得到释放的。词典编纂者眼中的丘吉尔是一个文人，他在1899年写了一部小说，名叫《萨弗罗拉》(Savrola)，评论家们对它的评价可以用常见的委婉语"mixed"（毁誉参半）来形容。他创造了诸如out-tray（发件托盘）、social security（社会保险）、V-sign（V字手势）等短语，以及seaplane（水上飞机）、commando（突击队）、undefendable（无法抵御的）等词语。他用crunch表示"关键时刻"（the vital moment）并使得这个意思广泛使用，1953年他获得了诺贝尔文学奖。拥有如此重要的语言成就，很容易让人忘记他在闲暇时间是一位政治家的事实。

　　切了阴茎的威廉·迈纳返回美国的时候，欧洲正在为战争做准备。1911年，温斯顿·丘吉尔不再做内政大臣而成为英国海军大臣，负责研究出更多制敌于死地的新办法。

　　其中一个办法就是制造"陆地巡洋舰"（landship）。那时的世界，海上霸权由英国皇家海军独占，大不列颠帝国控制着海上局势。巨大的蒸汽式战列舰在全球巡游确保了日不落帝国的地位。这些战列舰外面包裹着装甲，敌人的战火不会伤害到它，战列舰上安装着巨炮，可以摧毁敌方。然而，在陆地上，英国并不是坚不可摧的，英国的军队也是由血肉之躯的士兵和战马，而不是钢铁组成的，他们也会成千上万地战死沙场。

因此，在丘吉尔的带领下，将有钢铁防护的战船用于陆上战争的计划就诞生了。英国开始设计"陆地巡洋舰"，它要像军舰一样用钢铁制造，像军舰一样有发动机，像军舰一样用大炮武装。它将发挥战舰一样的摧毁力量，只是它将用于陆地而不是海上。

这个计划由欧内斯特·斯温顿长官推进。计划设计好了，建造商也就位了，但所有的一切都是在超级秘密的情况下进行的。"陆地巡洋舰"计划从来没有在公众面前提起过，因此现在我们也没有"陆地巡洋舰"这个叫法。

"陆地巡洋舰"计划非常机密，甚至工厂里的工人都不知道他们建造的是什么。在1914年战争爆发时，俄国加入协约国一方作战，斯温顿觉得在所有报道这一新武器的封面文章中称其为"Water Carriers for Russia"会非常抢眼，但当他向丘吉尔报告此事时，丘吉尔不禁大笑起来。

丘吉尔说 Water Carriers 的缩写是 WCs，人们会认为他们在生产马桶呢。斯温顿脑子转得快，立即提出把名字改成 Water Tanks for Russia。这次丘吉尔无话可说，于是就用了这个名字。

然而，这个名字也没有全部保留下来。Water Tanks for

Russia 显得有些啰唆，其中的 water 就先被去掉了。后来的事实是这些 tanks 根本没有送到俄国，而是用在西部前线的堑壕战中，因此 Russia 也去掉了。这就是"坦克"（tank）这一名称的由来。如果丘吉尔没有那么细心，没有发现原来名字中有"马桶"的含义，现在的坦克可能就是 carrier 了，如果斯温顿没有那么小心，现在的坦克肯定就被叫作 landship 了。

坦克是"一战"中非常有用的武器，但糟糕的是，那时的德国也正在建造他们的秘密武器，这种武器的名字可是一点儿绅士风度都没有。

Fat Gunhilda
胖妞贡希尔达

英国人研制坦克的时候，德国人正在建造大炮。确切地说，德国人正在制造一门超大的大炮，它重达 43 吨，可以将 1800 磅的炮弹发射到 2.5 英里之外。它的官方名称是 L/12 42-cm Type M-Great Kurze Marine-Kanone，但这样的名称很难让人接受。所以克虏伯公司的设计师们做了一件卑鄙的事情：他们以老板的名字为其命名。公司的所有者名叫贝尔莎·克虏伯（Bertha

Krupp），是一个胖女人。因此工程师们就把他们新建造的大炮叫作迪克·贝尔莎（Dick Bertha），德语中的意思就是胖贝尔莎，在英语中押了头韵就变成了 Big Bertha（大贝尔莎）。[1]

给一门大炮取个女孩的名字着实有点儿奇怪。即便你不是西蒙·弗洛伊德的忠实信徒也可以看出大炮都带有一点儿男性生殖器的象征意义。然而，历史总是与弗洛伊德过不去：不知何故，大炮取的都是女孩的名字。

在越南战争中，美国海军陆战队要求新入伍的士兵给他们的步枪取女孩的名字，通常要取家里心上人的名字；这种做法实际上早就有了。大英帝国的标配燧发枪叫作布朗·贝丝（Brown Bess），拉迪亚德·吉卜林（Rudyard Kipling）[2]曾开玩笑说，很多男人都被她的魅力刺穿了心脏。爱丁堡的城堡中有一尊巨大的中世纪大炮，名字叫蒙斯梅格（Mons Meg），可能就是以詹姆斯三世的苏格兰妻子玛格丽特（Margret）的名字来命名的。

为什么大炮（guns）都用女孩的名字来命名呢？这个问题很愚蠢，因为 gun 本身就是女孩的名字。现在大家都知道（虽然有不同的说法）历史上的第一门大炮是温莎堡的加农炮，14

---

[1] 很遗憾，贝尔莎·克虏伯的大名"明珠暗投"，克虏伯兵工厂就是以她的名字命名的，它是附属于奥斯维辛的一家军工厂。
[2] 拉迪亚德·吉卜林（1865—1936），英国小说家，《丛林故事》的作者。——编者

世纪早期的文件提到 Una magna balista de cornu quae vocatur Domina Gunilda，这句话的意思就是"来自康沃尔的名叫贡希尔达（Gunhilda）皇后的一门加农炮"。

贡希尔达（Gunhilda）是一个女孩名，通常缩写为 Gunna。根据词源学的发现，所有英语世界中的大炮的名字都源自温莎城堡中的那门名叫贡希尔达皇后的大炮。

实际上的确有一个皇后名叫贡希尔达（Gunhilda），而她与智能手机又有什么关联呢？

Queen Gunhilda and the Gadgets
皇后贡希尔达和小配件

贡希尔达是公元10世纪晚期和11世纪早期丹麦的皇后。她嫁给了赛文·弗克比尔德（Sven Forkbeard），就像黑暗时代的所有皇后一样，关于她的其他事情我们就一无所知了。她是克努特大帝（Canute the Great，北海帝国的国王）的母亲，据推测，她应该每天早晨帮助她的丈夫梳理胡子吧。她的公公就是丹麦国王哈罗德一世，其统治时间是公元935—986年。

哈罗德国王长着蓝色牙齿，也或许是黑色的。没有人能说清楚，因为 blau 的意思多年来已经发生了变化。他的另外一项成就是结束了丹麦与挪威各郡之间连年战争的局面，全国统一由一个国王（也就是他）统治。

1996年，一个叫吉姆·卡尔达什的家伙开发了能够允许移动电话与计算机通信的系统。一天的辛勤工作后，卡尔达什通过阅读弗兰斯·贡纳·本特松[1]的历史小说《长舟》(*The Longships*)进行放松。这是一本有关北欧海盗、探险，以及烧杀抢掠的故事，故事的背景就是蓝牙国王哈罗德的统治时期。

吉姆·卡尔达什觉得自己正在做的事与哈罗德国王当年一样。通过实现计算机与手机之间的相互通信，他统一了互相竞争的通信科技。因此，他给自己研究的项目暂时取名为"蓝牙"（Bluetooth），这样做纯属自娱自乐。

"蓝牙"从未被当作是这款产品的真正名称。蓝色牙齿也不是什么可爱的形象，卡尔达什公司市场部的人本应该想出一个更好的名字。事实上他们的确想出了一个更加中庸，但也更加符合市场销售的名字：他们要将产品叫作Pan。不幸的是，就在这项新技术揭幕前夕，他们发现Pan已经被另外一家公司注册为商标。由于时间紧迫，新产品马上要下线，他们只好不情愿地重新启用卡尔达什取的绰号。这就是蓝牙科技的由来。

---

1 Frans Gunnar Bengtsson（1894—1954），瑞典小说家、散文家、诗人、传记作家。——编者

Shell
壳　牌

公司名称的由来通常都有点儿奇怪，要么是一时兴起，要么一波三折，有的还自相矛盾。比如，为什么世界上最大的能源公司叫作壳牌（Shell）？[1]

事实上，在英国维多利亚时期，贝壳深受大家喜爱。喜爱的程度在我们现代人看来有些诡异。维多利亚时代的人收集贝壳，画贝壳，用贝壳做出各种各样的东西。幸亏有吞噬时间的垃圾箱，使得我们大多数人从来没有见过，以后也不会见到那么多清一色的、用软体动物的壳涂上色做成的一束束假花。"庸俗"（kitsch）一词都不足以形容那种东西。

贝壳须得有人不断供应。这可能就是"她在海边卖贝壳"[2]的原因吧。但是英国海滩提供的贝壳不能满足维多利亚时期人们的疯狂需求，因此贝壳生意就兴隆起来，活跃的商人开始从地球四面八方进口更大、更光滑的贝壳来销售。

一个叫马库斯·塞缪尔的人抓住了这个大好时机，他在伦敦

1　壳牌与荷兰皇家石油公司合并形成了现在的荷兰皇家壳牌公司。
2　指英语中一句著名的顺口溜：She sells seashells on the sea shore。——编者

东部的猎犬沟渠街（Houndsditch）开了一家商店，成为贝壳商人。他把自己的公司叫作Shell可以说是天经地义。

Shell公司经营得很好，生意范围很快扩展到古玩市场的其他领域：小饰品，五彩石以及其他。马库斯·塞缪尔让他的儿子（也叫马库斯）也加入家族生意，并派他到日本去购买那些花哨的小玩意儿。

就在这次出差旅行中，小马库斯·塞缪尔意识到有种商品可能有一些潜在的利润，那就是石油。

Shell公司没有固守自己的老本行。公司最初成立时所做的贝壳生意被停止了[1]。只有名字延续下来，然而所有加油站上方贝壳的标志成了公司过去核心业务的无声纪念，也宣告着石油只不过是后来的事实。

In a Nutshell
简而言之

在英语语言的海滩上，贝壳（shell）随处可见。例如，大炮

---

[1] 出于学者的好奇心，我试图搞清楚贝壳生意停止的确切时间，但壳牌公司的客服，一位友好的女士以为我在跟她开玩笑，就挂断了我的电话。

可以 shell a town（摧毁一个城镇），这么说是因为最早的手榴弹看上去就像果壳（shell）中的坚果。从果壳中取出果实不那么容易，同样，向借债人讨债也非易事。因此如果你讨债成功，就可以说 made him shell out（使他还账）。

哈姆雷特曾说："倘不是因为我总做噩梦，那么即便把我关在一个果壳里（bounded in a nutshell），我也会把自己当作一个拥有着无限空间的君王。"但这并不是短语 in a nutshell 的由来，in a nutshell 这个短语源自拉丁作家普林尼（Pliny）记述的一个匪夷所思的美妙故事。

普林尼是罗马的百科全书编纂者，他试图将他所听到的所有事都记录下来。当然他记录下来的，一些成为知识的宝贵来源，一些则让人难以置信。比如，普林尼声称有一本《伊利亚特》的抄写本非常小，可以放进一枚核桃壳中。最令人想不到的是这个故事居然有可能是真的。

18世纪早期，法国阿夫朗什镇的主教（the Bishop of Avranches）决定验证一下普林尼所说的话。他拿来一张 10.5 × 8.5 英寸的纸（做成书大概是 8 × 5 英寸），然后用尽可能小的字体抄写《伊利亚特》。他并没有把整本书都抄下来，而是把 80 节诗写成一行，并因此得出了结论，《伊利亚特》是 1.7 万节诗的长度，很容易全部写到那张纸上。然后他把纸折起来，放进核桃壳里,如此就证明了普林尼所说的是对的,至少是可行的。[1]

The Iliad
《伊利亚特》

特洛伊(又名伊利昂,Ilium,因此有了《伊利亚特》)的故事非常恢宏。里面的男主人公比以往所有故事中的人物更英勇,女主人公比以后所有故事中的更漂亮,也更没有节操,而诸神则逡巡在故事的背景中。温斯顿·丘吉尔曾经发现威廉·格莱斯顿[2] "以读荷马为乐,我以为那是他罪有应得"(served him right)[3]。

然而,荷马的词汇却与这部史诗的恢宏地位相去甚远。如果埃阿斯(Ajax),那个身材魁梧、肌肉健硕的希腊英雄知道他的名字最后成为畅销清洁产品的牌子[4],他可能早就自杀了。赫克托

---

[1] 大家都知道,1590年一个叫彼得·贝尔斯的英国人取得了类似的胜利,只不过他抄写的是《圣经》。
[2] 19世纪英国政治家,曾四次出任英国首相。——编者
[3] 这句话出自丘吉尔的自传《我的早年生活》,其前一句是,"我上学时就曾怀疑,把古典语言当作我们教育体制中的主体是否恰当"。而格莱斯顿曾写过一本书《荷马及荷马时代研究》,认为《荷马史诗》的记载是真实的。——编者
[4] 指高露洁旗下的家居清洁品牌AJAX。——编者

（Hector），特洛伊城的英雄，性格高傲，勇于向任何人挑战，甚至是阿喀琉斯。然而他的名字最后成为一个动词，to hector 就是通过大喊大叫吓唬别人。

赫克托的妹妹，卡桑德拉（Cassandra）现在表示聚会中无病呻吟、危言耸听煞风景的人。即使是伟大的特洛伊木马现在也变成了令人讨厌的电脑病毒，用来窃取你的信用卡信息及脸书账户。

《伊利亚特》中几乎没什么名言名句。但我们现在却有很多关于特洛伊的名言：

> 驱使一千条楼船走向航程
> 一把火烧尽古城高塔的，
> 就是这张脸吗？
> 甜美的海伦，用你的吻让我永生。

这首诗出自马洛[1]，而不是荷马。事实上，荷马留下来的唯一一句名言是通过威廉·卡伦·布莱恩特（William Cullen

---

1 指克里斯托弗·马洛（Christopher Marlowe），英国16世纪诗人、剧作家。有学者认为，莎士比亚的剧作是由他代笔的。——编者

Bryant）1878年的翻译为人所知的，那是阿伽门农祈祷他能够杀死赫克托时所说的话：

> May his fellow warriors,many a one,
> Fall round him to the earth and bite the dust.
> 愿追随他的勇士们，纷纷倒在他脚下，归于尘土。

荷马如果得知他唯一的名句成为皇后乐队的歌词会不会感到骄傲呢？

由荷马史诗中最有名的英雄所产生的最有名的词句与荷马本人毫无关系。荷马去世两千年后人们才开始使用Achilles tendon（跟腱）这个词。神话中是这样讲的，因为母亲的法力，阿喀琉斯身上唯一致命的弱点是他的脚踝后部，因此我们就有了Achilles' heel（阿喀琉斯的脚后跟，比喻致命弱点）的说法，以及医学用语Achilles tendon。

特洛伊战争，假如真有其事，应该发生在公元前1250年左右。荷马，如果确有其人，应该在公元前8世纪永垂不朽。而菲利普·费尔海恩（Philip Verheyen）直到1648年才出生在比利时一个被不幸地命名为Borring的小镇，正是他发明了Achilles tendon这个词，当时他的境遇非常悲惨。

费尔海恩非常聪慧，他开始是个放牛娃（与《牛津英语词典》的编辑一样），后来成为一名解剖学家。费尔海恩是一位出色的解剖学家，因此当他的一条腿必须锯掉时，对他来说既是灾难又是诱惑。

费尔海恩还是非常虔诚的基督徒，他相信人死后身体能够再生。因此他不希望自己的腿与身体的其他部分分离，如果那样最终审判日到来时就会非常不便。于是他就用化学药品将自己的腿保存下来，时时刻刻留在身边，几年后他开始小心翼翼地解剖自己的腿。

这么仔细地切割自己的身体可能对心理健康没什么好处。费尔海恩开始给自己的腿写信，在信中他记录下所有的新发现。他在写给自己肢体的信中，首次使用了 chorda Achillis，或者 Achilles tendon 这个词。

费尔海恩在去世之前疯掉了。他的一个学生描述了在他生命的最后一年去看望他的情景。费尔海恩当时正在他的书房里透过窗户向外凝视。他旁边的一张桌子上摆放着切割成一片片的腿，上面都整整齐齐地贴好了标签。

The Human Body
人类的身体

由于近水楼台的原因，人的身体成为主要的词汇发源地，至少有一千零一个英语词源自身体，几乎身体的每一部分都变成了某个动词。这些词大多非常容易理解，如 heading off（阻止）、stomaching criticism（忍受批评），有些就不那么好理解了。例如 footing the bill（付账）就是一个奇怪的说法，除非你会一些基本算数。你把各种费用列成一列做成账单，然后算出总数，写在此列的下方（foot）。这时候你才发现要付的钱太多了，这就叫 paying through the nose，似乎暗指流鼻血之痛。

有些词语来源于你都不知道其存在的身体器官。比如，心弦（the heart strings），我们经常说"拨动心弦""牵动心弦"，这里心弦就是心脏中真实存在而且非常重要的部分。医学上将它叫作"腱索"（chordae tendineae），如果真有人拉动腱索，至少会导致心律不齐，甚至还会要人性命。

还有些词看上去与身体没有任何关系，而实际却相反，比如窗户（window）这个词，它原本是风眼（windeye），虽然我们可以通过窗户向外望，就像通过眼睛看世界一样，但在玻璃发明之前，风也会通过它吹进来。

你眼睛里的东西可比你看到的要多。首先里面有苹果。早期的解剖学家认为眼睛的中心是实的，形状类似苹果，因此有"眼中的苹果"之说（apple of your eye，比喻掌上明珠）。现在它的名字更奇怪了，叫作pupil（瞳孔）。嗯，是的，与学校里的pupil（学生）是同一个名称。

拉丁语中，小男孩用pupus来表示，小女孩叫pupa（我们现在用pupae表示昆虫的幼虫也源于此）。当他们上了学，就成了学校的pupils（学生）。现在请你用力盯着别人的眼睛看。谁的都行。你看到什么了？你肯定看到一个缩小版的自己在盯着你看。这个缩小版的自己就像一个小孩，因此就叫它pupil了。

但要说产生词汇最多的部位，那就是hand了。

The Five Fingers
五根手指

> 又在迦特打仗，那里有一个身量高大的人，手脚都是六指，共有二十四个指头。
>
> ——撒母耳记下，第21章，第20段

人们通常使用十进制计数法。我们数21、22、23……数到29、30，之后又开始31、32、33、34，直到又数十个数，然后再重复。我们之所以这么计数实际是源于人的每只手有五根手指，总共十根。假如三根手指的树懒会数数的话，它会六个数一组来数数。

数指头计数非常自然，因此原本表示指头的词——digit现在也表示数字了。同样，当信息以数字的形式存储时，我们就有了digital（数字的、数码的）一词。

古英语中，"手指"的名称要比我们现在有趣得多。Index finger（食指）以前曾叫towcher，或者toucher，因为它是用来触摸东西的。我们现在叫它index finger，并不是因为我们用食指来浏览书中索引（index）。这两个index都来自拉丁语中的indicare，因为它们无论是在书里，还是在手上，都可以向你表明（indicate）或向你指引（point）正确的方向。因此它也是pointing finger。

中指（middle finger）这个名字很无趣，它以前曾被称为"傻瓜手指"（fool's finger），古罗马人称其为digitus infamis（无耻的）、obscenus（下流的）以及impudicus（无礼的）。这是因为罗马人会向不喜欢的人竖起中指。罗马诗人马夏尔（Martial）曾写过这么一句诗：

Rideto multum qui te, Sextille, cinaedum

dixerit et digitum porrigito medium

翻译为英语大致如下：

If you are called a poof don't pause or linger

But laugh and show the chap your middle finger.

中文大意是：

如果有人侮辱你，因为你是同性恋，不要彷徨，不要犹豫，哈哈大笑着向他竖起你的中指。

第四根指头带有解剖学的意味，因此古代名称为leech finger，现代名称为ring finger。

第四根手指上有一根静脉直通心脏，至少医生们曾经这么认为。谁也不知道怎么会有这么一说，因为事实并非如此。但这一说法使得第四根手指在中世纪医学中变得至关重要。那时候的医生推断，既然这个手指直通心脏，那么似乎可以用它来做心脏的代理。只要对病人的第四根手指实施救治就可以治疗心脏疾病了！中世纪对医生的称呼是 leech[1]，因此这个手指就被称为 leech finger。

现在还有哪个人会愚蠢地相信这些说法？但是，已婚人士相信。你看，我们把结婚戒指戴在这个手指上，正是由于那根不存在的静脉。如果手指与心脏直接相连，那么在这个指头上套上一枚金戒指不就锁住爱人的心了吗？因此我们叫它 ring finger。

至于小指头，在古英语中它是用来挠耳朵的，因此过去就被称为 ear finger。

Hoax Bodies
骗人的身体

拉丁语中表示"所有、全部"的词是 corpus，现在我们就把这个词作为身体词汇之旅的结尾吧。很容易理解由这个词衍生出的 corpse（尸体）以及 corporal punishment（体罚），但表示魔法与欺诈的词也因它而生，这就难以理解了。要解释清楚这一点，我们必须回到公元前33年左右耶路撒冷的一顿晚餐上。

---

1 与大家的想法相反，这个称呼的由来可能跟当时的医生把水蛭贴到病人身上来治疗无关。

> 他们吃的时候，耶稣拿起饼来，祝福，就擘开，递给门徒，说："你们拿着吃，这是我的身体。"
>
> ——马太福音 第26章 26段

耶稣这么说真是好笑。首先，坚称一块饼是自己的身体有点儿奇怪。如果是换成你我这么说，肯定没人相信。我们的面包店也会因此关张了。然而，由于耶稣是上帝之子[1]，他说的话我们不得不信。

奇怪的是这句话里同类相残的逻辑。如果耶稣说的是"拿去吃吧，这只是一张普通的饼不是人肉"，这就讲得通了。然而耶稣实际上说的是，这不是饼，而是人肉。而且，是我的肉，现在乖乖地像个小野人一样把它吃掉吧。

这足以让人心生疑虑。

你一定要按照字面意思理解"同类相残"。那时候，如果一个基督徒否认"圣餐变体"说，他就会被烧死。"圣餐变体"说认为，圣餐上的圣饼实质是耶稣的肉体转换而成，而最初的圣饼留下来的只是神学家所称的次要特征（accidentals），这些特征仅仅是让它看起来、闻起来、摸起来或尝起来像饼子而已，除此

---

1 这一点偶尔会被那些在上帝的爱的折磨中永远燃烧的人所怀疑。

之外，这块饼的实质已经完全转变了。

这个转变是由牧师完成的，他拿起这块饼，口中念着咒语："Hoc est corpus meum."（this is my body.）

16世纪新教运动出现。新的基督教宣称，圣饼并没有变成耶稣的肉体而是耶稣肉体的象征。

新教徒与天主教徒们没有求同存异，而是陷入了一场可怕的口角大战，双方就"圣饼是否为上帝的肉体"而争论，甚至使用各种手段，互相烧杀、拷打、咒骂。

在新教徒国王詹姆斯一世的宫廷中有一个小丑，他在表演滑稽魔术时念的咒语是：Houcs Pocus。实际上他声称自己就是"国王陛下最出色的Houcus Pocus"，这个说法从此流传开来。但它是从哪来的呢？

（17世纪的一个布道词中提到）变戏法时常用的咒语hocus pocus多半是hoc est corpus这种说法的变体，是对天主教牧师在进行圣餐变体时所说的话的滑稽效仿。

Corpus一词从表示"身体"到"同类相残"和"宗教仪式"，再到"魔术表演"，经历了一个长期的过程，但它要走的路还很长。Hocus pocus还可以缩写为hoax。

耶稣的那句话被翻译、戏仿、缩略，到最后变成了一个词，用来表示厚颜无耻的十足的骗子。但这还没完。Hoax还在变：这次不是变短，而是变长了。Hoax变成了hokum，是美语中的一个词，表示胡说八道（nonsense）、废话（rubbish）或假话（bunkum）。后面加了-kum可能是为了让它听起来更像bunkum吧。

现在，我们想一下，bunkum与上下铺（bunk beds）、高尔夫球沙坑（golfing bunkers），或者reedy valleys（芦苇山谷）有什么关系呢？

Bunking and Debunking
撒谎与揭露

人们很容易把"揭穿"（debunking）一词和"双层床"（bunk beds）扯上关系。人们会想象被子下躺着一个坏主意，它被一个叫"合理"的壮汉叫醒，从双层床上扔出去。哎！这可是胡思乱想。

揭露（debunking）指的是去除胡说（bunk）、假话（bunkum）的过程。我们都知道bunkum的意思是"彻头彻尾的胡说"，但它也是北卡罗来纳州的一个地名——本库姆县（Buncombe County），位于这个州的西部，一个非常漂亮的乡下地区，成为

"傻话"的代名词。

1820年美国国会正在就密苏里问题争执不休。密苏里问题是有关蓄奴制的，争论的结果就是《密苏里妥协案》的出台。在争论结束时，一位名叫菲利克斯·沃克的国会议员站起来，清了清嗓子开始讲话，并一发不可收。

他讲啊讲啊，直到人们开始坐立不安；他讲啊讲啊，直到人们开始恼羞成怒；他讲啊讲啊，直到人们开始冷嘲热讽；他讲啊讲啊，直到人们开始拍他的肩膀让他停下来；他讲啊讲啊，直到他周围的人要求他说出为什么不能停下来。

菲利克斯·沃克回答说，他并不是在对国会发表讲话，而是在为他家乡的全体选民的利益演讲：他在为本库姆做演讲（speech for Buncombe）。

你瞧，沃克对密苏里问题或《密苏里妥协案》并不在意：他在意的是自己所在选区的投票人如何对他进行报道。这真是一个妙招，于是他的用词就传开了，speaking to Buncombe很快就缩写为speaking bunkum，后来干脆变成了bunkum，变成了需要被揭穿（debunked）的"废话"。

需要说明的是，上面的故事只是一个比较流行的版本，还有一个版本是这么说的：一名议员走进会议室，发现菲利克斯·沃克正在对着空荡荡的会议厅发表讲演。他就问沃克在搞什么鬼，沃克解释说他在对Buncombe的人们讲演（毫无疑问，演讲稿会寄送回家乡）。我喜欢这个版本，但它更不可能是真的。不管怎样，bunkum依然用来表示没有实际目的的讲话，而且一定会回到北卡罗来纳州那个叫Buncombe的地方。

本库姆县真是可怜！到了词典中居然成为"废话"的代名词，爱德华·本库姆（Edward Buncombe）在坟墓中也睡不安稳吧。

爱德华·本库姆是一个英国人，出生在圣基特，因为继承了卡罗来纳州的一个大种植园迁到了美国。他是当地第一批参加独立运动的人士，1775年美国革命战争爆发时，他参加了大陆军，在日耳曼敦战斗中负伤。他本来都要痊愈了，但有一天晚上突然起床，梦游中从楼梯的高处跌落下来，旧伤发作而死。

他在遗嘱中留下了2000亩种植园和10个黑奴。因为他是战斗英雄，几年之后，这个小镇就以他的名字命名了。这么看来，事实上是爱德华·本库姆的名字被"公之于众"（debunked）了，或者你还可以再往深处思考思考。

Bounecombe表示"芦苇丛生的山谷"，其中boune的意思是"芦苇丛生"（reedy），combe的意思是"山谷"（valley）。Combe是古英语中少数几个来自凯尔特语的词语之一。为什么来自凯尔特语的英语词语如此之少是一个很大的谜团，而且完全取决于盎格鲁-撒克逊人的野蛮程度。

The Anglo-Saxon Mystery
盎格鲁-撒克逊之谜

很久以前，也就是两千年前，不列颠岛由凯尔特人占据，如你所料，他们的语言是凯尔特语。他们还有文身。古希腊人将这些雾蒙蒙的小岛上的居民叫作 Prittanoi（由此产生了我们现在的 Britain），意思是"刺有文身的人"，但也许这个名称与凯尔特人喜欢把自己的身体涂成靛蓝色有关，这个行为希腊人一直认为非常奇特。

现在说起来最重要的一点是博阿迪西亚女王（Boadicea，死于公元61年）不是英国人，虽然她生活在现在的英格兰，但当时英格兰还不存在。博阿迪西亚是一个凯尔特英国人。

大约公元400年，盎格鲁人从丹麦到达此地的时候才开始有了英格兰。他们把自己新国家叫作 Angle-land 或者 England。跟盎格鲁人一起来的还有撒克逊人（来自萨克森州）和朱特人（来自日德兰半岛），他们之间交流用的就是古英语。

很快，他们就有了国王，其中一个名叫阿尔弗雷德大帝（Alfred the Great）的人，本来是西撒克逊人的国王，但他决定称自己为 Rex Angul-Saxonum，也就是盎格鲁-撒克逊国王。

那么凯尔特人怎么样了？那些曾经在这个岛上居住着的人，那些喜欢把全身涂成靛蓝色的人都怎么样了？

没有人能说清楚。对这个问题存在着两家之言：一家是语言学家，一家是历史学家。

每当一个民族征服了其他民族，他们都会学一些被征服民族的语言，这是不可避免的。不管你如何逃避，当地的语言无处不在。你可能会奴役当地的人，但你还是需要命令你的奴隶们干这干那。你可能不想学他们的语言，但在新的国土上总有你用自己的语言叫不上名字的事物。

我们就拿印度的英国人来说。英国人仅仅在那儿统治了几百年，就在这段时间里，他们学会了 shampoo（洗发精）、bungalow（平房）、juggernaut（世界主宰）、mongoose（獴）、khaki（卡其布）、chutney（酸辣酱）、bangle（手镯）、cushy（轻松）、pundit（专家）、bandana（大手帕）、dinghy（小艇），等等。而这些只是他们带回家的一些词语而已。

那么盎格鲁人和撒克逊人从凯尔特人那儿学会了哪些词呢？

非常少。

Combe 可以算一个，意思是山谷，来自 cym。还有一个是 tor，意思是岩石，来自 torr，凯尔特人用这个词表示山（hill）。还有一个是 cross，这个词根很有可能是在10世纪从爱尔兰传教士那儿学来的，而不是来自当地的凯尔特人。还有呢……

其实再没有什么词了。当然，这还要看你怎么计算，可能的确还有一些词，只是没有记录下来罢了，这样的事情总会有的。事实是，盎格鲁－撒克逊人占领了一个岛屿几百年却几乎没有从战败的民族那儿学到什么话。

从语言学角度讲，这似乎不是什么占领而更像是屠杀。而且乍一看，还是疯狂的屠杀。当然，屠杀绝对是残暴的行为，但总归有些词会悄悄地渗透到古英语中，即使那些词只是表示"哎哟"（ouch）、"不"（no）、"停"（stop）。但事实上，就连这些词都没有，令人心惊。

然而历史学家却认为这些都是胡言乱语。他们问得理直气壮：那么尸体呢？没有啊！既没有掩埋尸体的乱葬岗，也没有关于英勇奋战的记录，更没有大屠杀的记录。考古学家什么也没有发现。什么都没有，完全是零，一片空白。

语言学家们看到了屠杀，而考古学家们看到的是和平共处。这真是太奇怪了。然而还存在第三种可能，赫里福郡有一座小山名叫Pensax，埃塞克斯郡有一个小镇名叫Saffron Walden，这两个名字可以作为例证。

Pensax的意思是撒克逊人的山——hill（pen）of the Saxons，重点是这里的pen是凯尔特语。从此处看，至少有那么一段时间，撒克逊人住在山上，凯尔特人住在山谷中。同样，多塞特郡有一个名字很好听的村庄叫Sixpenny Handley，Sixpenny是Sex Pen

的变体，Sex Pen倒过来不就是Pensax吗？

另外一个地名Saffron Walden很显然就是种植藏红花（saffron）的地方，但是Walden这个词有点儿奇怪。它是盎格鲁-撒克逊人的词语，字面意思就是"外国人的山谷"（valley of the foreigners），但是wealh这个词一直都指代凯尔特人（Wales就源于这个词）。

因此，如果研究一下这些地名，我们会得到第三种可能，那就是盎格鲁-撒克逊人与凯尔特人比邻而居但却老死不相往来。也就是说，他们之间不进行贸易、联姻，除了给对方居住的地方取名，什么关系都没有。

你有可能这样推断，两个民族其实是能够理解对方的语言的，只是他们故意只说本民族最地道的方言，然而这个似乎不太可能。这一点还是可以从地名中看出。

我们已经知道，凯尔特人用pen来表示山，但古英语中遇到用pen来命名的山时，会用Pen hul来表示，hul是古英语中表示山的词。

这样形成的词语英语中有很多，很多名字都进行了重复，比如Bredon（hill hill），或River Esk（river river）。这就意味着他们的语言交流至少要做到：在把当地人赶走之前，必须得搞清楚他们这些地名的含义。

由此也产生了一些非常有趣的词源，比如 Penhul 后来变成 Pendle，又过了几百年，有人再次注意到这个词表示的是一座山，因此就把它改成了 Pendle Hill，这么一来，这个名字的意思就成了 Hill-Hill Hill。这还不是偶然现象。伍斯特郡有一座小山叫 Bredon Hill，其含义也是 Hill-Hill Hill，其中 bre 是凯尔特语，don 是古英语，hill 则是现代英语。

我们永远不会知道盎格鲁-撒克逊人和凯尔特人之间到底发生了什么。也许是一场大屠杀，也许是个快活的派对。那个时期过于黑暗，历史又过于健忘。然而，因此被悲伤或愤怒所吞噬也不是明智的。如果回头看看更久远的历史，你会发现，所有的一切都曾被偷走，所有的国家都曾被侵略。凯尔特人在公元前600年左右也曾征服不列颠的原住民，盎格鲁-撒克逊人之后被邪恶的维京人攻打，维京人带来了他们自己的语言和他们自己的地名。例如，一个维京人在约克郡发现了一条莎草覆盖的溪流，决定命名它为莎草溪（Sedge-Stream），并由此诞生了世界上最大的公司之一。

The Sedge-strewn Stream and Globalisation
莎草溪与全球化

维京人非常残暴，但不知道什么原因，历史对他们很宽容。

不论你如何反抗强奸、杀戮或者活人祭祀，维京人在793年到达林迪斯法恩的时候这些都来了，接下来，他们一路杀到了英格兰东北部海岸。很快他们就到了约克郡，在现在的哈罗盖特附近，其中的一个维京人发现了一条布满莎草的小溪，决定把它命名为莎草溪（Sedge-Stream）。当然，他不会直接把它叫作Sedge-stream，因为Sedge-stream是英语，他用的是古斯堪的纳维亚语，称它为Starbeck。

Starbeck现在是哈罗盖特东部边缘的一个小郊区。虽然已经没有了莎草的影子，但小溪还在那里，它通过一条轨道旁地下的管道，一路流向远方。这个地名最早的记录出现在1817年，但是我们知道，它必须回溯到维京人，我们还知道14世纪这里也曾有人居住。

这些人有了性行为（此举人们几乎概莫能外），家庭产生了。这个家族基本上就是以居住地来命名的，只是改变了其中一个元音，变成了斯塔巴克（Starbuck）。斯塔巴克家族在此地居住的最早记录是在1379年。从那时起，发生了两件大事：教友派运动开始、美洲大陆被发现。

这个双重灾难的结果是，美国科德角附近的南塔基特岛的第一批居民中有一个名为斯塔巴克（Starbuck）的家族，这个家族都是教友派教徒（Quaker family）。他们经历了怎样的变迁没有确切记载，但最终他们成了南塔基特最大交易的参与者——捕鲸业的老大。

斯塔巴克家族开始捕鲸是为了复仇。但很快他们就成了南塔基特最有名的捕鲸者。1823年，瓦伦丁·斯塔巴克得到夏威夷州国王与王后的特许，负责护送他们到英国，不幸的是，这对王室夫妇在那里得了麻疹，去世了。奥贝德·斯塔巴克在太平洋上发现了斯塔巴克岛（Starbuck Island），并以他表哥的名字为其命名。[1-2]

二十多年以后，一个叫赫尔曼·梅尔维尔（Herman Melville）的作家开始写一本关于鲸鱼与捕鲸的小说。确切说来，他写的是关于一艘叫裴廓德号（Pequod）的船从南塔基特出发去猎捕一头名叫莫比·迪克（Moby Dick）的白鲸的故事。梅尔维尔本身也是一名捕鲸者，而且对南塔基特有名的捕鲸家族——斯塔巴克家族久仰大名，因此他决定以这个家族的名字命名裴廓德号船上的大副。

起初《白鲸》并不怎么受欢迎，很多人尤其是英国人，看完都是云里雾里，不知所云。虽然这多半是由于英国的版本中少了

---

[1] 事实上，历史也说不清楚到底是谁先以谁的名字命名的。

[2] 事实上，瓦伦丁在稍晚一些的时候，也发现了这个岛。因此，"斯塔巴克岛"里的"斯塔巴克"指的是哪一个，是"瓦伦丁"还是"奥贝德"，有点儿说不清。所以作者列了上面这条注释。——编者

最后一章。然而到了20世纪，那些让人摸不到头脑的小说都开始流行起来，《白鲸》也大受欢迎，从此美国的学校教师开始给孩子们宣讲《白鲸》里的华丽篇章，其中有一位来自西雅图的英语教师非常喜欢这本书，他叫杰瑞·鲍德温。

鲍德温和他的两个朋友打算开一家咖啡店。他们需要取一个店名，杰瑞·鲍德温当然知道从哪里找合适的名字了——在小说《白鲸》中。他告诉了合伙人他的想法，于是决定把咖啡店叫作……

对，就是……

裴廓德！（Pequod）

他的合伙人指出（非常合理地）他们要开的是一家饮料店，商店名字中带有pee（小便）的发音可不合适，肯定没市场，于是鲍德维的建议被否定，其他两个人开始寻找更加有地方特色的名字。在当地的地图上，他们发现落基山中有一个叫Camp Starbo的老采矿区。这两个合伙人都认为Starbo这个名字不错。但是鲍德温还是不死心，他建议把第二个音节稍稍改变一下，变成Starbucks（星巴克），这样就可以与裴廓德号大副的名字相吻合了，三人一致同意，就这样，维京人给约克郡的一条小溪取的名字最终成了世界最著名品牌之一的名字。

小说《白鲸》实际是基于一条真正的白鲸的故事，据说这头鲸在19世纪早期曾打退过100余个捕鲸团体，这条鲸的名字叫摩卡·迪克（Mocha Dick）。如果鲍德温在取名字的时候想起这一点，估计我们现在的商业街又是另一番景象吧。

斯塔巴克岛（Starbuck Island）上没有星巴克（Starbucks）的分店，也许是因为那里没有人居住吧，偶尔光临的海豹大约也不可能花钱去买卡布奇诺。

Coffee
咖　啡

巴尔扎克曾这样写道：

一旦咖啡进入胃肠，我的全身就开始沸腾起来，思维就摆好了阵势，好像一支伟大的军队在战场开始了战斗。回忆随风而动，跑步前进。类比手法就像轻骑兵带来的巧妙部署。逻辑犹如炮兵，带着辎重车辆和炮弹，隆隆而过。智慧的见解好似狙击手，百发百中。比喻到场，纸上墨迹斑斑；这场挣扎的开始与结束都在黑色的液体中进行，犹如一场弥漫着硝烟的战斗。

然而莎士比亚从来没喝过咖啡。尤利乌斯·恺撒和苏格拉底也没有喝过。亚历山大大帝征服了半个地球,也从没有在清晨喝杯拿铁振作精神。金字塔的设计与修建也丝毫没有一点点咖啡因在起作用。因为咖啡在1615年才引入欧洲。

古代人的成就足以让我们这些后辈望而生畏,尤其这一切都是在没有咖啡因的情况下取得的,简直让我们不可想象。表示咖啡的词汇优美地排列成了一个高度咖啡因螺旋。让我们从espressos(浓缩咖啡)开始,看看这个词与express yourself(自我表达)有什么联系。

一杯浓缩咖啡是通过将蒸汽向外压(press)过密实的咖啡粉萃取而成的。这个过程与奶牛挤出(express)牛奶、伤口挤出(express)脓液是完全相同的过程。打个比方来说,人的想法从头脑里挤出来(express)通过嘴巴来表达也是这样一个过程,因此就有了self-expression。

我们把那些提前想好的行动说成是有预谋的、蓄意的。如果你专门(expressly)为了一个目的做一件事,这就说明你提前动脑筋想过了。

这与快递(expresss mail)有什么联系呢? expressly表示为了一个特定的目的。你可以把一封信托付给国家邮政系统(信件有可能被弄丢、烧毁或者一个月又被寄回还带着一张罚单),

或者把它交给一个收费的信差,他只有一项专门的(express)工作:那就是递送你的这一封信。这就是特快专递(express delivery)——专门(expressly)雇用一个邮递员来完成递送任务。

火车也一样。有些火车每站都停,而你不想在乡村小站暂停,也不愿意为迷路的牛减速,因为它们太小或者与你毫不相干。要避免这些,你只需改乘一趟专门(expressly)开往一个目的地的列车,这种火车就是我们现在所说的特快专列(express trains),而且列车上通常还有一个小小的自助餐车厢,你稍微破费一下就可以享用一杯浓缩咖啡了。

Cappuccino Monks
卡布奇诺与和尚

你可能觉得"有表现力的"(expressive)与"浓咖啡"(expressos)之间的渊源有点儿拐弯抹角,但与cappuccino(卡普奇诺)香醇的泡沫相比真不算什么。

1520年,一个名叫马泰奥·达巴肖的修士觉得那些方济各会的小兄弟们生活过于奢侈,已经背离了圣方济各的最初教义,比如他们要穿鞋子,巴斯克决定重开简朴之风,提倡做跣足修士。

估计老派的修士们脚丫子伤得不轻，于是竭力压制马泰奥的跣足运动。马泰奥被迫逃跑，躲在同情他的卡玛尔多利教派，卡玛尔多利的修士们都穿着一件小小的带帽子的袍子（little hoods），用意大利语表达就是cappuccios。为了与他们融合在一起，马泰奥与他的会友们也开始穿这样的带帽袍子。1528年，马泰奥的跣足运动得到了正式认可，但是他们发现已经习惯了穿带帽披风，于是决定保留这个习惯。他的追随者们因此被戏称为Capuchin Monks。

Capuchin Monks在天主教盛行的欧洲迅速扩展壮大，他们的带帽披风成为一种显著标识，因此一个世纪后，新大陆的探险家们看到头上有一片深褐色斑块的猿猴，立即想起了方济各会会友袍子上的帽子，于是决定把这种猿猴叫作Capuchin Monkeys（僧帽猴）。

这个名字着实有趣，估计大家也都明白了，猴子居然是以monks命名的。看来，大多数人与马奥泰的观点一致：中世纪的修道士们并非圣洁与美德的典范，而是一群臭烘烘的罪人，比动物强不了多少。这么一想，你会把那些棕色的、毛茸茸的类人猿叫什么？当然是monkey！

方济各会会友的袍子都是奶油棕色的，因此，当那种撒有巧克力、能够产生奶油泡泡的咖啡在20世纪上半叶出现时，它就取了方济各会会友袍子的名字，称为cappuccino。

提醒你一下，如果你在咖啡店点一杯little hood，大部分咖啡师（baristas）肯定不明所以，同样，多数咖啡师（baristas）也不知道他们可都是"大律师"（barristers）啊。

Called to the Bar
获得律师资格

在咖啡店为你服务的家伙叫barista，这个英语词被意大利语借用，但很快又被英语拿了回去。Barista在意大利语中就是barman。后缀-ist就是用来表示某行业的从业者，与马克思主义传播者（Marxist evangelist）中的ist是同一个作用。

任何一本好的词典都会这么解释bar的含义：它是用来封住门的木棍或铁棍。由此延伸，它又用来指代阻止你行动的任何阻碍或妨碍，具体到酒吧或酒馆，bar指的是隔开客人的屏障，在屏障后面储藏着各式各样令人迷醉的酒精，只有酒吧招待（barman）才有资格不掏腰包就可"染指"。

我们都会偶尔被叫到前台（called to the bar）[1]，如果只是去

---

[1] 通常表示"获得律师资格"。——译者

付账当然再好不过了。但是大律师们（barristers）都被叫去的那个bar可跟买醉没有任何关系，虽然地点也是一个inn。

五百年前，所有的英国律师都必须在伦敦的Inns of Court（律师公会）接受培训，这些inns可不是提供啤酒的快活酒馆，它们是为学法律的学生提供的住宿处，因为inn最初的意思就是"房子"（house）。

律师公会的内部布置是拜占庭式的，对于一个专供法律人士使用的地方来说，这样的布置实在出乎意料、令人费解，但基本上这些律师公会里都有"读书者"（Readers），他们都是聪明的学生，单独坐在内室里，由一个大大的台子（bar）与其他学生隔离开。

较小的学生则坐在周围读书、学习，梦想着他们被召唤到台前的伟大时刻，这也就意味着他们可以作为正式的律师接手案件了。这个问题还很复杂，因为过去曾经有普通律师和内席律师[1]之分。内席律师与法警有特殊关系，要想搞清楚这些法律体系，即使不是一清二楚，也要花上几年工夫，而且到最后可能还派不上用场，因为当你觉得有了底气的时候，法律已经改了，就像bar这个词的意思一样，你只能无可奈何。

大约1600年，bar开始表示英国所有法庭上使用的木制围栏，

---

[1] 后者属于王室法律顾问的专门律师。——译者

当法官在斥责、宣判烦人或是笨手笨脚地摸着他的黑色帽子时，犯人必须站在围栏内，被告律师也在围栏内，站在罪犯旁边为他辩护。

同时，控方律师会坚称该犯人有罪，并称已经准备好程堂证供。如果他使用的是法语，这句话就是这样的：Culpable：prest d'averrer nostre bille，但这样说有点儿拗口，所以一般会缩短为cul-prit（罪犯）。

然后被告的命运将会移交给陪审团。如果陪审团不能做出决定，他们就会宣布：我们不知道（we don't know），但是他们会用拉丁语来声明——拉丁语表示"我不知道"用的是 ignoramus。

因此 ignoramus 就成为专门的法律术语，直到 1615 年一个叫乔治·拉格尔的作家用它做了一部戏剧的名字，这部剧的主角是一个名叫 Ignoramus 的愚笨律师。从此，ignoramus 就用来表示无知的老白痴了。

这也意味着 ignoramus 的复数形式绝不是 ignorami。

Ignorami

无　知

从词源上来看，基督徒都是白痴（cretins），白痴都是基督徒。

听起来很不公平。那是因为语言远没有宗教善良。

最初，cretins专指在阿尔卑斯山的几个偏远山谷中发现的畸形、弱智的小矮人。用现在的话说，他们的病情应该被叫作"先天性碘缺乏综合征"（congenital iodine deficiency syndrome），但那时的瑞士人对此一无所知。他们只知道，这些人虽然有问题，但他们仍然是人，是基督教会的兄弟姐妹。因此把他们称作Cretins，意思就是基督徒（Christians）。

瑞士人也是一片好意，这个称呼就像把其他人叫作伙伴（fellow humans）一样，然而这个词被坏人使用了，就像现在运动场上的"麻痹症患者"（spastic）一样，很快就产生了不好的含义。因此Christian就变成了一个侮辱性词汇。

最初idiots也是基督徒的意思，或者最初的基督徒就是idiots。Idiot这个词最早出现在1382年的《威克利夫圣经》（*Wycliffite Bible*）中。其中的《行为书》（*Book of Deeds*，也就是我们说的*Book of Acts*，即《使徒行传》）中这样写道：

> Forsoth thei seynge the stedfastnesse of Petre and John, founden that thei weren men with oute lettris, and idiotis.

金詹姆士版本的圣经翻译如下：

Now when they saw the boldness of Peter and John, and perceived that they were unlearned and ignorant men.

当他们看到彼得与约翰之鲁莽，以为他们是无知且蒙昧之人。

但是在圣·杰罗姆的拉丁语版本中，这句话变成了：

videntes autem Petri constantiam et Iohannis conperto quod homines essent sine litteris et idiotae.

圣彼得与圣约翰被称作idiots只是因为他们是外行（laymen），他们没有资格证书，因此是独立自主的人，并不属于某个行业。如果他们说的是自己的语言，这就是idiom（俗语、土话），如果他们有点儿古怪，有自己的行为方式（无疑他们是这样的），他们就会被看作是idiosyncratic（另类的）。

无论是cretin还是idiot，本来都不是用来侮辱他人的。它们一个是赞美，另一个只是一个简单描述，但人们是残酷的，总是在寻找新的方式来侮辱别人。只要我们创造出像cretin、moron、 idiot或spastic这样的术语或委婉语，人们很快就会用这些词来侮辱别人。比如moron这个可怜的词，它是1910年由美国的低智商研究协会发明的。他们采用了一个隐晦的希腊词——moros表示迟钝或愚笨，用来指代那些智商在50到70之间的人。他们的本意是只有医生和诊断书中才能使用这个词，但不到七年，这个词就从医学界逃了出去，被当作一个侮辱性词语来使用。

顺便说一下，moron表示"钝"（dull），而在希腊语中，oxy表示"锋利、强烈"（sharp）。在好多好多节以前，我们已经解释过oxygen这个词的来历与它能够生成（generate）酸有关。而oxymoron（矛盾修辞法）中的oxy与其具有同样的词根，oxymoron的意思就是"尖锐的柔软"（sharp softness）[1]。

英语语言中最不善良的歪曲发生在约翰·邓斯·司各特（John Duns Scotus，1265—1308）身上。他是那个时代最伟大的神学家和思想家、"灵巧博士"、单义性理论哲学家、正式的区分和"个体性"概念的大师，后者表示使得某物成为自身而不是他者的本质特征。

邓斯·司各特有强大的思维，他用此来区分不同思想的细微差异。从语言学角度看，这导致了他的沦陷与毁灭。

---

[1] softness在某些含义上，与dull相近，例如，它们在形容光线、声音时，都表示"not bright""not loud"。——编者

邓斯去世后，仍有很多追随者以及弟子。他们继续研究和发展邓斯关于"区别与不同"的极为复杂的哲学体系。可以说，这些人跟他们的老师一样都是非常学究、爱钻牛角尖的人。

实际上，人们的确是这么说的。在文艺复兴到来之际，人们突然受到启蒙，变成了人文主义者，因此当邓斯的继承者（Duns-men）用晦涩的亚里士多德式盖然性辩论法与他们辩论时，他们异常愤怒。邓斯的继承者成为进步的敌人，成为要让时光倒转、回到黑暗的中世纪的傻瓜；Duns也被拼写为dunce（傻瓜）。

因此，他那个时代最伟大的思想家就变成了gormless（愚蠢的、笨头笨脑的）的同义词。这是非常不公平的，因为邓斯非常有gorm。他满脑子都是这些东西。如果你不知道gorm是什么意思，那是因为它是一个化石词，早被淘汰不用了。

Fossil-less
化石词

你有gorm吗？这是一个很重要的问题，如果你没有，那么从逻辑上来说你就是gormless。Gormless就像一块化石。恐龙和三叶虫曾经非常繁荣，但现在留下的只是它们的化石，表情僵硬、各处零落。Gorm、feck、ruth以及reck这些词也一样，它们都曾是活生生的词，现在却在含有-less的词汇中永远冰封。

Gorm（有各种拼写方式）是一个斯堪的纳维亚词，意思是"理智或者理解力"（sense or understanding），12世纪一个名叫奥姆的僧人曾这样写道：

& yunnc birrþ nimenn mikell gom
To þæwenn yunnkerr chilldre[1]

这一点相信我们大家都有同感。然而，gorm（或者gome）很少在文字中使用。它是约克郡人的方言，要知道绝大多数文学活动都是在伦敦发生的。

19世纪的英国作家艾米莉·勃朗特写了一本小说，名字叫《呼啸山庄》，其中有这么一句话：

我之前看上去那么愚蠢吗？就像约瑟夫所说的那样没脑子（gormless）吗？

---

[1] 这两句话出自12世纪的《圣经》注释著作 The Ormulum 中的 Secundum Lucam Ⅶ，系古英语写成。大意或为：要教育好子女，你需要很多天赋。——译者

约瑟夫在小说中是一个仆人，说话带有浓重的约克郡口音，gormless一词的出现只是约瑟夫使用的众多方言中的一个。约瑟夫可能也说过gorm这个词，只是艾米莉没有提及。这样一来gormless就留在了最著名的小说中，而可怜的gorm只能在约克郡的高地沼泽中黯然憔悴。

很久以前还有一个词——effect。它一直是一个快乐、有用、无辜的词，直到来到了苏格兰。它一到北部的哈德良城墙，就被夺去了手脚，变成了feck。

懒惰的、无精打采的苏格兰人不会有什么作为（effect），因此feckless（没出息的、无力气的、没精神的）就应运而生了。这一次不是艾米莉·勃朗特，而是一个名叫托马斯·卡莱尔（Thomas Carlyle）[1]的苏格兰人推广了这个词。他用feckless来形容爱尔兰人和他的妻子。

可是，卡莱尔用feckless表示的到底是什么意思很难看明白，比如他在1842年的一封信中这样写道：

> 可怜的艾伦的骨灰被撒在了肯萨格林——距离他的家乡Kirkmahoe足够遥远。迪尔米德本周有一篇善意的，但非常feckless的关于他的文章。

---

[1] 19世纪苏格兰哲学家、评论家、历史学家。——编者

在另一封信中，卡莱尔写道，夏天让他的妻子变得feckless，他甚至还描述他与妻子在伦敦的生活让他们二人都成了"a feckless pair of bodies、a pair of miserable creatures"。不管怎样，卡莱尔使用了feckless，但从没有使用过feck，因此前者保留下来并广泛使用，而后者在凯尔特的黄昏中销声匿迹。

Reckless这个词要简单得多，而且更富有诗意，这一点很重要。Reck曾经表示"关心，顾虑"（care，虽然从词源上说，它与reckon相差很远）。乔叟曾写道：

I recke nought what wrong that thou me proffer,
For I can suffer it as a philosopher.
汝何虐吾，无碍于心，
吾如哲人能忍之。

莎士比亚也使用了reck，但已经有些陈词滥调的意味了。在《哈姆雷特》中，奥菲利亚责骂她的哥哥：

Do not as some ungracious pastors do,
Show me the steep and thorny way to heaven,
Whiles, like a puff'd and reckless libertine,

Himself the primrose path of dalliance treads

And recks not his own rede.

你不要像一些坏牧师一样

指点我上天去的险峻的荆棘之途

自己却在花柳巷流连忘返

忘记了自己的箴言。[1]

Rede 是一个过时的古代词语，表示 advice（建议，忠告），reck 大概也早就是一个过时的古词了，表示 take notice of（注意，留意）。莎翁使用 reckless 一词的次数是使用 reck、recketh、reckeds 这些词加起来的六倍之多。Reck 可能早已退居二线，而 reckless 却一头冲向未来。

如果事情是真的（true），我们叫它 truth。如果你后悔（rue）做了什么，这种情绪叫 ruth。如果你不后悔，那就是没有 ruth，换个词说就是 ruthless。Ruth 存在了好长时间，可后来不知道怎么就绝迹了，或许是因为世界上无情（ruthless）的人比有怜悯之心的（ruthful）人更多吧。

---

[1] 翻译引自朱生豪译:《英汉对照莎士比亚全集》，远方出版社，2005年9月第1版。——译者

语言有时候不能解释。一个词的出现与消亡往往是词源学家都无法弄明白的。历史并不是完美无瑕的（immaculate），事实上，他是有瑕疵的（maculate）。如果我们能够把所有的事情都解释得清清楚楚，或许会倍感欣慰（consolate），但根本不可能。

所以我们还是仁慈一点（exorably），结束对化石词汇的研究。我们当然可以继续这个话题，因为语言中充斥着这样的例子，但你可能会兴味索然、牢骚满腹（disgruntled）。P. G. 沃德豪斯[1]曾经这样形容一个家伙，"即便不是牢骚满腹，也是难以被取悦（be gruntled）的"。下面我们就看看gruntling与grunt到底有什么联系。

The Frequentative Suffix
反复后缀

如果一块宝石频繁发出光芒（spark），我们就用sparkle（闪闪发光）来表示。如果一根燃烧的木头不停地发出噼啪的响声（cracking noise），我们就用crackle（噼啪作响）来形容。这是因为-le是一个表示动作反复进行的后缀。

---

1 P. G. Wodehouse（1881—1975），英国小说家。——编者

记住这一点，我们来看grunting。Gruntle就是反复地grunt（嘟囔，发哼声，打呼噜）。如果猪"哼"了一声，我们用grunt，如果它又哼哼了，这时候你就可以加一个反复后缀，并把这头猪叫作gruntler。中世纪有一个旅行作家，名叫约翰·曼德维尔[1]，他是这样描写那些住在伊甸园附近沙漠里的男人们的：

> 在那片沙漠中有很多疯狂的男人，他们长相邪恶；因为他们头上长角，不说话，但哼哼叫（gruntle），就像猪一样。

但是disgruntled里面的dis-不是否定前缀，而是用来加强语气的。如果一个动词本身已经有否定意义（能让你不停嘟囔的事情应该不是什么好事），那么表否定的dis-就是用来进一步强调这个事情有多糟糕。因此disgruntled的意思与gruntled意思差不多。

有些反复动词稍稍有些奇怪。如果下次你在人群中被挤来挤去（jostled），你应该暗自庆幸自己的运气还算不错，比起那些被手持长矛（jousting）的骑士反复击打要强多了。中世纪的情人们相互喜欢（fond），如果他们一直如此，就会互相爱抚（fondle）。

---

1 实际上从来没有约翰·曼德维尔这个人，但是却有一本他名下的书。这就是14世纪的作者的写作方式。而且，我已经对这段引文进行了现代化，gruntle在原文中的拼写实为gruntils。

Fondling 是个危险举动，因为到后来就会变成 snugging，这是一个过时的词语，意思是一起躺下来互相取暖。Snugging 发生得太频繁就变成 snuggling（偎依），最后会导致怀孕。

不管你是 trample（践踏）、tootle（轻吹）、wrestle（摔跤），还是 fizzle（嘶嘶叫），你都是在重复一个动作。下面我们猜一个谜（puzzle，就是一个反复被提问的问题）。下面这些反复动词的原形是什么？

Nuzzle

Bustle

Waddle

Straddle

Swaddle[1]

当然，你不能马上猜到答案的原因是，反复动词经常脱离原来的词而自成一家。例如拉丁词 pensare，它的意思是"思考"，由它产生了 pensive（沉思的、忧郁的）和 pansy（三色堇，你可以把它送给你爱的人，让他们睹花思人）。罗马人认为，思考就

---

1 答案是：nose、burst、wade、stride 以及 swathe。

是反复衡量一件事。所以，pensare 就成为 pendere 的反复动词，pendere 就是"衡量"或"悬挂"之意，你可能想不到，由这个词衍生出很多单词呢。

Pending
悬而不决

在拉丁语中，pendere 的意思就是 hang（悬挂），它的过去分词是 pensum。In 表示 not，de 表示 from，sus 表示 down……

如果你很独立（independent），意味着你不依靠（dependent）他人，因为只有钟摆（pendulums）和挂在（hang）你脖子上的项链（pendants）是 dependent。因此，pendants 是挂起来的（pending），或者是悬空的（impending）。它们是悬浮（suspended）在那儿的，因此会给人一种悬念（suspense）。

用来称重的天平悬而不定（hang in the balance）。它可以称量金子的重量，换成 pesos（比索，而不是 pence，pence 在词源上不相关）用于支付养老金（pensions）、津贴（stipends）或者补偿金（compensations）。

当然，所有这些分配（dispensations）都需要在头脑中仔细权衡。花大钱（expensive）之前都要左思右想（pensive）。事情的方方面面都要同等权量才能获得平衡（equipoise或poise），如果没有全方位同等考量，你的天平就会向一方倾斜，结果是一方占据优势（preponderance），你就会向自己的喜好（penchants）偏移（propensity）。你的这些喜好是否让你不偏不向（perpendicular），我出于礼貌不便多问。

希望这一节关于悬垂事物（pendulous）的讲解能够成为一体（hang together）。如果能做到，这一节就成了一个概要（compendium）。虽然还有其他一些同根词语，要把它们全部囊括需要附加（append）一个appendix。

而appendix不管是在书里（指附录），还是在身体里（指阑尾），都是存放无用的废物的。然而，严格来说，身体里的那根管道应该叫vermiform appendix，这听起来更加令人不悦，因为vermiform的意思是"像虫子一样的"（wormlike），下次你吃意大利细面条（vermicelli）的时候是否会想到它呢？

Worms and their Turnings
蠕虫和它们的反抗

蠕虫（worms）的日子过得很艰难。不是被早起的鸟儿追逐，就是在罐子里的生活被打扰，除此之外，它们还会被践踏。毫不奇怪，莎士比亚记录了它们反抗压迫者的情景：

再小的蠕虫让人踩了也会扭扭身，
鸠鸽为了保护自己的幼雏也会啄人。[1]

然而，威廉·布莱克[2]却说"断蚓不怨耕犁"（The cut worm forgives the plow）。这似乎非常不合常理。

从词源学上来说，蠕虫的反抗并不奇怪。Worm来自古印欧语系中的wer，意思是转向，指的是它们的弯曲度。因此，一个蠕虫的反抗不仅仅是恰当的，也是同义反复（tautology）。

蠕虫的历史很长，worm这个词也是一样，它最早的意思是"龙"（dragon），然后从这个巨大的喷火怪物逐渐变成了蛇（snakes），慢慢地，它逐渐退化直到变成了你家园子里被乌鸦追赶的小东西（或被威廉·布莱克分割成一段一段的）。然而，"龙"的含义还是延续了几个世纪，甚至到了1867年，威廉·莫里斯[3]还可以正襟危坐写出下面精彩的词句："于是就开始了一场可怕

1　引自外研社覃学岚的译文。——编者
2　William Blake（1757—1827），英国文学史上最重要的诗人之一。——编者
3　William Morris（1834—1896），英国诗人、社会活动家。——编者

的战斗，一场龙与人（worm and man）的较量。"

不管worm的意思如何变化，在这一变化过程中唯一没有变的是，人们不喜欢worm，worm也不喜欢人。很长一段时间里，人们认为花园里的小虫子会爬进耳朵，因为古英语中的wicga也有"虫子"的意思，由它生成了奇怪的现代词语earwig（蠼螋），但是严格来说，earwig不是蠕虫，而是昆虫，而且与你头上戴的wig（假发）没有任何关系。[1]

Worms在两个地方打了翻身仗，保留了些许过去的辉煌。一个体现在wormhole（虫洞）这个词中，你能猜到它最初表达的意思，但是在1957年，这个词被爱因斯坦-罗森桥（Einstein-Rosen Bridge）劫持，用来表示相对论中暗示的两个不同时空在理论上的连接。

另外一个体现在可怕的鳄鱼（crocodile）身上，crocodile来自希腊语中的krok-drilos，它的意思是pebble-worm。Pebble在微积分学（calculus）中占有重要地位，calculus的含义就是pebble。

---

[1] 然而，人们的确会在一些奇怪的地方戴假发。17世纪的妓女为了除掉虱子会剃掉阴毛，再戴上一种叫merkin的假阴毛。既然说到了earwig，就顺便说一下ear-hair（耳毛），耳毛长在医学上称为tragus（耳屏）的地方，之所以这么叫是因为tragos（tragus的复数）在希腊语中表示山羊，而耳毛长得像山羊胡须。古雅典的演员在表演严肃剧目时通常会穿山羊皮，这类剧也被称为"山羊之歌"（songs of the goat），或tragedies（悲剧）。

Mathematics

数　学

数学是一个有着质朴之美的抽象学科，但数学词汇和符号的起源却非常无趣而具体，这一点着实让人感到惊讶。Calculus（微积分学）是一个强大的词语，但其实它的意思就是小小的"鹅卵石"（pebble），因为罗马人就是通过数石头来学数学的，知道了这些是不是感觉这个词没那么高大上了？

你可能会就此推断，abacus应该是"小鹅卵石"（little pebbles）的意思，但奇怪的是，这个词来自希伯来语中的abaq，其意思是dust（尘土）。事情是这样的，希腊人采用了这个词，但他们并不用鹅卵石来计数，而是把算式写在一块盖满沙子的木板上进行计算。如果要开始下一个计算，他们只需要抖动木板，上面的数字就清空了，就像经典的神奇画板（Etch A Sketch）。

Average（平均数）的来历更加平凡。它来自古法语中的avarie，意思是"一艘船所遭受的损坏"。船只通常是共有的，当一艘船受损，维修账单出来时，每位股东都要支付平均费用（average）。

线（line）只是亚麻布（linen）上的一条，梯形（trapezium）来自一张桌子（table），而圆形（circle）来自马戏团（circus）。

然而，数学词源中最精彩的是那些数学符号。

人们过去不写1+1，而是用"1 et 1"这个句子表示，这是拉丁语中"一加一"的意思。他们把et中e去掉，留下一个"十"字就形成了加号。巧合的是，&符号也是来自ET，你只要在电脑的文字处理器上通过变化字体，就可以把εt变成&。键入&，切换成Trebuchet字体，你就会看到它变成了εt，切换到法语拼写MT，你就会得到&，切换至Curlz MT，就会得到&，切换到Palatino Linotype 你会得到&，如果这本书是用小字印刷体，你就会得到&。

曾经很多数学运算都是用一个完整句子描述出来的，因此，发明等号的16世纪威尔士人罗伯特·雷科德（Robert Recorde）很为自己的名字高兴。罗伯特对于每次求和的时候都要写is equal to（等于）非常厌烦。尤其是他正在写一本数学教科书，这本书有一个令人难忘的名字——《砺智石，〈算数〉第二部分，包括开方、代数、方程规则以及关于平方根的论文》(*Whetestone of Witte whiche is the seconde parte of Arithmeteke: containing the extraction of rootes; the cossike practise, with the rule of equation; and the workes of Surde Nombers*)。

但这个冗长的书名倒也足以与它给代数学带来的简洁相配。雷科德这样写道：

为了避免乏味地重复 is equal to，我将像我在工作中经常做的那样，用两条平行线，或者等长的双胞（Gemowe）线"="表示，因为没有什么符号比两条等长的平行线更能表示相等了。

因此，"="成为等于号是因为两条线的长度等同，罗伯特·雷科德在1557年出版了上文提到的数学书，但第二年就因欠债死于狱中，向世人表明优秀的数学家与优秀的财会人员不能画等号。

雷科德认为这两条线一模一样，就像双胞胎，因此他把它们叫作 gemowe，意思就是双胞胎。Gemowe 源自古法语词 gemeaus，后者是 gemel 的复数形式，而 gemel 又来自拉丁语词 gemellus，后者是双子座（Gemini）的昵称。

Stellafied and Oily Beavers
产油的海狸

黄道十二宫（zodiac）当然就是绕着天空运行的小的圆形动物园（zoo）。说它是动物园（zoo-diac），是因为12个星座中有11个是活的生物，其中7个是动物。事实上，当希腊人为星座命名时，所有的星座都是有生命的生物，那个格格不入的天秤座（Libra）是由罗马人后加进去的。

黄道十二宫里充满了各种各样会引起奇怪联想的词。Cancer是巨蟹座（Crab），主要是因为盖伦（Galen）[1]认为某些肿瘤类似螃蟹，而且这两个词都来自印欧语系的qarq，表示"艰难"（hard）。摩羯座（Capricorn）别名山羊座，山羊跳来跳去，性情反复无常（capricious），或者直接可以说是goatlike。公牛们（bulls）通常死在斗牛士——toreadors的手中，因此我们有了金牛座（Taurus）。但是我们先不说别的，这次只讲双子座（Gemini），也就是双胞胎（twins）。

这里所说的双子星指的是卡斯托耳与波鲁克斯，他们有一段温暖感人的故事。天文学家们认为，星星都是由能量冷却变为物质而形成的。但这是天文学家的理论，我们所知道的大多数星星还是由宙斯创造的。

宙斯看上了一个叫勒达的女孩，决定把她变成天鹅，之后行了苟且之事。当天后半夜，勒达又与她的丈夫廷达瑞俄斯同房。结果非常复杂，她怀孕了，但却生了两个蛋，这足以让两个丈夫都产生疑心。

1　古罗马时期的医学家。——编者

第一个蛋孕育的是特洛伊的海伦和克吕泰墨斯特拉。第二个蛋中是波鲁克斯和卡斯托耳(Castor)。大量的神话亲子鉴定显示,海伦与波鲁克斯是宙斯的孩子,而卡斯托耳与克吕泰墨斯特拉则是廷达瑞俄斯的凡胎俗子,对可怜的廷达瑞俄斯来说,这个结果并没有带来多少安慰。

卡斯托耳与波鲁克斯的身体是连在一起的,直到有一天卡斯托耳被刺身亡。半人半神的波鲁克斯与父亲达成交易,让他的双胞胎弟弟分享他不朽的生命,于是宙斯把他俩变成了两颗星星,在天空中永不分离(当然,事实上它们在天空中的距离是16光年,但是我们就不要纠缠这些细节了)。

Castor在希腊语中是海狸(beaver)的意思,直到现在,世界各地的海狸都是Castor属,虽然它们自己并不知道。我们眼中的海狸是会修筑水坝的可爱小动物,但患有便秘的文艺复兴时期的人可不这么看,他们把海狸看作摆脱病痛的良药。

原来海狸的腹股沟有两个囊,里面存有一种有毒且很臭的油,是非常有效的泻药。这种宝贵的液体被称为castor oil。

这个名字后来流传下来,但是液体的来源却已改变,这是全世界海狸的福音:18世纪中叶,人们发现从蓖麻(Ricinus communis)籽产生的油中可以获得同样的肠道释放效果,此植物又名castor oil plant。因此,现在这种油还是叫castor oil,但已经不再是从海狸的腹股沟里获得了。

由beaver还衍生出几个解剖学术语，但是为了保持这个思想链的体面、纯洁、对家庭有利，我们现在只关注beaver曾经表示beard（胡子）这回事。

Beards
胡　须

英语语言中隐藏的表示胡须（beards）的词很多，这真是奇怪（bizarre）。比如，bizarre就是由巴斯克语的bizar（即beard）产生的，原因是西班牙士兵来到比利牛斯山偏远的乡村，当地人觉得他们蓄着胡子（bizars）特别奇怪（bizarre），因为当地的男人胡子都刮得干干净净。

罗马人把卡在箭背上的羽毛叫作the beard，或者barbus，这也是人们把箭称为barbs（倒钩）的原因，同样，barbed wire也就是带刺铁丝网。

由barbus产生了barber，就是剪掉你胡子的人。古罗马人喜欢把胡子刮得干干净净，因为他们认为留着胡子很奇怪，像希腊人，因此罗马的理发师（barber）生意稳定而兴隆，直到罗马帝国衰落。意大利曾被蓄着大大的长胡子的部族占领，这个部族的人似乎从不修剪胡子，因此被叫作 longa barba，也就是 longbeards（长胡子），最后被简称为 Lombard，至今意大利北部大部分地区仍被称为 Lombardy（伦巴第）。

那时的罗马人已经无力战斗，可能正是因为他们脸上无毛，不能与满脸胡子的敌人较量。如果他们当年更勇敢些，少剃掉些胡子，或许还能与敌人拼个你死我活（beard to beard，可理解为"吹胡子瞪眼"），从而让敌人烦不胜烦（rebarbative）。

那时的罗马需要一个像安布罗斯·伯恩赛德（Ambrose Burnside）将军这样的领导人，他在美国内战期间为联邦军队而战。伯恩赛德将军耳朵两侧生有茂密的大胡子丛林，并与他巨大的髭须相连。他的面部长相真是不同凡响，于是人们干脆把这种胡子叫作 burnsides。然而，安布罗斯·伯恩赛德去世后就被人遗忘了，后来的美国人推断，因为胡子是长在脸的两侧才得名 burnside，他们接受了这种叫法，但却把这个词掉了个儿，改成了 sideburns。

长胡子的不只人，也不只动物，就连树木也可能忘记刮胡子，这就是加勒比海的巨型无花果树（giant bearded fig）。这种长着胡须的无花果树也被称为"绞杀树"（strangler tree），可以长到 50 英尺高。胡须、高度和绞杀本领是相互联系的，因为这种树长得比周围的邻居高，然后它会把胡须一样的气生根抛向周围毫无防备的树枝上，以此生存繁衍。这些胡子缠在受害者身上，直到垂到地面，在地面扎出一个洞，然后收紧，把宿主勒死。

加勒比海的一个岛上到处都是这种树，当地人称其为"红土白牙"（Red Land with White Teeth），发现此树的西班牙探险家对这种"精神变态"、"不刮胡子"的无花果树印象深刻，于是就给它们取名"大胡子"（Bearded Ones，或者Barbados）。

Islands
岛　屿

某些英语语言只能通过船来实现。例如，在太平洋中部有一个小点，当地人把这里叫作"椰子岛"，也就是Pikini，这个词融入英语后就是Bikini Atoll（比基尼岛）。

几个世纪以来，除了当地原住居民，没有人知道比基尼岛的存在，即使在欧洲人发现它后，他们能想到的最好的用途是把它作为海上墓地。当一艘军舰失去了利用价值，就会被开到这个美丽的礁湖沉没。

1946年，美国人在比基尼岛爆炸了他们的新原子弹（atomic bomb），这个地点也因此被标注在了地图上（当然，也差点儿从地图上消失）。Atom（原子）在希腊语中表示unsplittable（不可分裂），但美国人已经发现，通过打破这个语源规则，他们能够制造出巨大的爆炸，而巨大的爆炸不仅能够给苏联人一点儿颜色，还是赢得冷战的最好方式。

然而，比基尼岛的测试对法国人和日本人产生了更直接的影响——这些影响足以彰显他们的民族特征。

1954年，美国人又在此地爆炸了他们的新型氢弹，他们估计这种氢弹会比之前用过的原子弹威力稍大一些。事实证明，其威力要大得多，而且还造成了一个意外，一艘日本渔船的船员因此遭受了辐射。日本公众群情激奋，因为当时日本与美国的军事及核关系相当尴尬。有人提出抗议，有人表达愤怒，还有人拍了一部电影，讲述一场不负责任的核试验唤醒了一个名叫Gorilla-whale或Gojira的海上怪物。这部电影迅速投入制作，当年后半年就拍摄出来。片方声称，Gojira只是电影剧组中一个特别强壮的成员的昵称。Gojira在英语中变成了Godzilla（哥斯拉），电影风靡全球，-zilla也因此成为一个实用的英语后缀。

如果一位准新娘对婚礼的一切细节，从面纱到衣服褶皱都斤斤计较，她就被叫作"难缠新娘"（bridezilla）。世界上最受欢迎的互联网浏览器之———火狐浏览器（Mozilla Firefox），其名字以及旧的图标都可以追溯到比基尼环礁的氢弹测试。

日本人看到的是可怕的海上怪兽，法国人却一如既往，看到了性。当时一位名叫雅克·埃姆的时装设计师刚刚设计了一种上下两段的泳衣，他认为这会是世界上最小的泳衣。当他把泳衣带到巴黎的一家内衣店，店主路易斯·里尔德用一把剪刀证明了它还可以更风骚。里尔德断言，这款泳衣引起的轰动只有比基尼岛的原子弹试验可比，它将激起每个法国人的强烈欲望，因此他把这款新泳衣叫作 bikini（比基尼）。

通过这个美好的意外发现（serendipity），现在你可以使用 Mozilla 浏览器上互联网浏览身穿 bikini 的美女图片，心里想着这两个词源自同一事件。

Serendipity 这个词是英国第一位首相的儿子贺拉斯·沃波尔在 1754 年发明的。他非常友善，把自己如何想到的这个词解释得一清二楚。他在读一本名叫 *Voyage des trois princes de Serendip*（《三个王子的锡兰之旅》）的书，故事讲的是来自 Serendip 的三个王子被父亲派出寻找杀死恶龙的神奇配方。沃波尔注意到，"殿下们在旅行时，不管出于偶然还是依靠智慧，总能够在意想不到的事物中有新发现"。尽管三个王子的故事纯属虚构，但 Island of Serendip 却真实存在，虽然名字几经改变，先是改为 Ceylon（锡兰），后在 1972 年改名 Sri Lanka（斯里兰卡）。因此，serendipity（意外发现珍奇事物的本领）实际上就是 Sri-Lanka-ness。

现在，让我们穿越印度洋，沿着苏伊士运河前往撒丁岛（Sardinia）。其实最好还是不要去，因为撒丁岛上的人可是一群令人厌恶的家伙。古时候，他们非常暴躁、野蛮，因此任何不友好的言论都被称为sardinian，并由此产生了sardonic（讽刺的、嘲笑的）这个词。除此之外，撒丁岛也把它的名字给了附近海域里产量丰富的小鱼，现在它们被称为沙丁鱼（sardines）。

我们可以去莱斯博斯岛（Lesbos），但在那儿，我们也未必受欢迎。莱斯博斯岛上最著名的居民是古希腊的女诗人萨福，她的诗歌都是在吟叹她如何喜爱其他的古希腊女性，结果到了19世纪后期，Lesbian成了一个英语委婉语，用来表示女性之间的相互爱慕。当然，这个委婉语本来只是为那些受过古典教育的人所设，受过古典教育的人自制力强，不会偷偷发笑。而且，lesbianism比之前的英语称谓tribadism要好，tribadism来自希腊语，意思是"摩擦"（rubbing）。

19世纪90年代被发明以前，Lesbian是莱斯博斯岛上产的一种葡萄酒的名字，也就是说，你可以在那儿喝一杯上好的Lesbian。而且，这个词不管是以前还是现在，都可以指代岛上的居民，因此这个词表达的新含义让一些岛上居民很不满意。2008年，一群来自这个岛的居民（Lesbians）试图对来自美国大陆的女同性恋者（lesbians）提出禁令，要求她们改变同性恋权利协会的名称。禁令没有通过，但为了安全起见，让我们的词源之旅穿过直布罗陀海峡，前往那些狗狗会长出羽毛的岛屿吧。

罗马人发现大西洋的很多岛屿上大狗泛滥，因此他们把这些岛屿叫作Dog Islands或者Canaria。然而，几千年后，当英国人终于来到Canaria进行视察的时候，没发现狗，只发现了鸟，于是他们决定把那里的鸟叫作canary，这样狗的名就成了鸟的名字（后来又成为一种漂亮的黄色的名称）。现在我们向正西航行，去往Cannibal Islands（食人岛）。

克里斯托弗·哥伦布向西航行穿过大西洋，来到了加勒比群岛（Caribbean Islands），他希望把这里叫作西印度群岛（West Indies），因为他航行的目的就是找到通往印度的西部路线，那时的欧洲人都知道印度是一个富饶的国家，由伟大的可汗（Great Khan）统治。

因此，当哥伦布停靠在古巴的时候，他欣喜若狂，因为他发现这里的人们自称为Canibs，而哥伦布以为Canibs应该就是Khanibs，这是一则罕见的希望战胜词源的例子。哥伦布来到下一个岛，那里的人自称Caribs，再到下一个岛，他们又自称Calibs。这是因为在加勒比海的古代语言中，Ns、Rs、Ls都是可以互换的。

这片海域根据其中一个发音命名为加勒比海（Caribbean）。

但那时，欧洲人相信岛上人吃人的说法，这种美食上的变态基于另一个发音——cannibalism。到底他们是否同类相食，到现在还争论不下。有人说确有此事，有人说那只是欧洲人恐惧的映射——的确，那些遥远岛上的故事开启了欧洲人丰富的想象力。莎士比亚的剧本《暴风雨》(*The Tempest*)就是以一个荒岛为背景，岛上唯一真正的居民是个半人半鱼的怪物。加勒比海中肯定没有这种人鱼，但这不妨碍莎翁根据第三个可能的发音把自己的野兽主人公命名为Caliban。

现在让我们继续航行穿过巴拿马运河（Panama canal）[1]，到达岛屿之行的最后一站——夏威夷，世界上最畅销的快餐差一点儿就以它的名字命名了。

Sandwich Islands
三明治群岛

第一个站在夏威夷海岸的欧洲人是詹姆斯·库克船长，他在1778年到达那里，在1779年因试图绑架国王而死于此地。在太

---

1 毫无疑问，这是英语中最贴切的回文结构：A man、a plan、a canal: Panama。

平洋航海之旅中，库克船长将"文身"（tattoo）和"禁忌"（taboo）两个词引入英语，这两个词都是他在太平洋航海时遇到的，但是有一个名字他却不能写入词典，甚至连地图册里都没有。

欧洲探险家们喜欢给他们发现的地方命名，这个习惯有时并不能增强当地人对他们的好感，因为当地人认为，他们既然已经在这个地方生活了，应该是他们先发现的这个地方。因此，库克虽然知道当地人把他新发现的这个岛称为Owyhee，但他知道自己的利益所在，于是还是用了旅行资助者的名字来命名这个地方。当然，库克船长也是为他未来的职业生涯考虑（他在绑架国王的时候本应该想到这一点），因为库克的赞助者是当时的第一任英国海军大臣——约翰·蒙塔古，他是三明治（Sandwich）家族的第四任伯爵。

然而，三明治（Sandwich）这个名字却没有沿用下去，在他的赞助者还没有得到消息之前，库克就去世了。可怜的三明治伯爵只能屈就，他的名字用来命名了南三明治岛（South Sandwich Islands，南极附近无人居住的岩石地带）、蒙塔古岛（Montague Island，阿拉斯加附近一个无人居住的小岛），以及世界各地所有的三明治店、三明治制造商和三明治填充馅料。这个连面包刀都没碰过的伯爵轻易就取得了后面这些伟大成就。

三明治伯爵是一个赌徒，但他不是一般的赌徒，而是嗜赌成瘾，钱从他手中比大把大把还大把大把地流走。即使按照英国人当时的标准来看，他也是个奇葩，要知道那时英国人以赌博闻名。第一个也是唯一一个关于世界上最受欢迎的快餐的记录来自1765年法国的一本书，书中记录了英国人是多么好赌。文字如下：

> 英国人，这些深刻的思想家，有着强烈欲望，喜欢把所有的激情都发挥到极致，在赌博游戏中更是奢侈无度：据说好几个贵族都因为赌博赔上了自己的人生，而其他人则把全部的时间都用于赌博，牺牲了自己的休息和健康。一个国务大臣二十四小时都在公共赌桌上度过，他全神贯注于游戏，在这段时间里，他没有其他食物，只吃了两块中间夹着一点儿牛肉的烤面包，在吃的时候甚至没有停下手中的游戏。我在伦敦居住期间，这种新吃法变得非常流行，人们就以发明它的大臣的名字来命名。

作者没有提到这位大臣的名字，因为他是法国人，在用法语为法国读者写作[1]，所以他不需要去解释一个英语单词的起源。然而通过这个故事，sandwich 成为每个法国人都知道的少数几个

---

[1] 可能你有些疑惑，我解释一下：这里呈现的文字引自1772年的翻译本。里面就连 sandwiches 都没有出现，可见当时每个英国人都知道这个名字。

英语单词之一，这也算是一个美谈吧。

有人传说三明治就是三明治伯爵发明的。其实不然。伯爵有仆人、厨师给他做吃的，他只需等三明治冷却就可食用。可以肯定的是，人们一直以来都在两片面包中间夹馅料来食用，因为馅料在最后一个冰河世纪末期就已经发明。三明治伯爵所做的只是拿起这个不起眼的快餐，并赋予它贵族、权力、财富、奢华以及二十四小时的赌博精神。

伟大的人物从不会整日忙于厨房，憧憬有朝一日因为一本食谱而千古留名。他们只需等待某一天某种食物以他的名字命名就可以了。比如玛格丽塔·玛丽亚·特蕾莎·乔瓦娜（Margherita Maria Teresa Giovanna），她是意大利的王后、翁贝托一世（Umberto I）的妻子。她从未攀登过斯坦利山，但斯坦利山的最高峰用的是她的名字。她也绝对没有烤过一个比萨：但比萨是专门为她做的，一定要符合王后的心意。

19世纪的意大利贵族不吃比萨，比萨是农民的食物，加入了农民最喜爱的佐料：大蒜。然而到了19世纪80年代，欧洲皇室担心革命爆发，纷纷开始讨好他们统治的普通百姓。因此，在国王翁贝托和王后玛格丽塔访问那不勒斯——比萨之乡——的时候，一个叫拉斐尔·埃斯波西托的面包师决定为王后专门制作一款比萨。

埃斯波西托是一家比萨店的老板，他解决大蒜问题的方法就是不使用大蒜，这一点人们以前从来没有听说过。然后，他决定把爱国情怀与意大利元素通过比萨来表达，他把比萨的颜色做成国旗的颜色：红、白、绿。红色的是西红柿（以前没人做过），白的是马苏里干酪，绿的是香草。然后，他把它命名为"玛格丽塔比萨"（Pizza Margherita），并于1889年6月把它送给了王后。

老实说，玛格丽塔王后可能没有屈尊吃第一个"玛格丽塔"，但她确实让仆人写了一张便条表示感谢。这样一来，她的名字就变成了不朽的名字，而意大利国旗的隐晦版本就出在世界上每一家比萨餐厅的菜单上。

意大利的国旗有三条垂直条纹。这个设计基于三色旗——法国大革命的旗帜。

The French Revolution in English Words
英语词汇中的法国大革命

世界在变化，语言也在变化。新事物需要新名字，而一个时代的新词也会展示这个时代的发明。比如，越南战争为美语增添了bong（水烟壶）和credibility gap（言行不一）。

通过新词的流动，我们可以追随英语国家的历史。20世纪40年代出现了genocide（种族灭绝）、quisling（卖国贼）、crash-landing（紧急迫降）、debrief（盘问）以及cold war（冷战）。50年代出现的新词有countdown（倒计时）、cosmonaut（宇航员）、sputnik（人造卫星）和beatnik（"垮掉的一代"的成员）。60年代有了fast food（快餐）、jetlag（时差）以及fab（难以置信的），等等，接下来是Watergate（水门事件）、yuppie（雅皮士）、Britpop（英伦摇滚）以及pwned（一败涂地）。

但是没有什么比法国大革命更新的事物了。每一个新事件、每一个新想法，都必须用从法语中引进的新词汇来呈现给英语世界。每一次逆转，每一个转折，每一次斩首和风暴几天后都会见诸英国报端，这一段历史进程从法语引进的词汇中就可以窥豹一斑了。

1789 aristocrat（贵族）

1790 sans culottes（无裤党）

1792 capitalist, regime, émigré（资本家，政体，移民）

1793 disorganised, demoralised, guillotine（杂乱无章，使……道德败坏，断头台）

1795 terrorism（恐怖政治）

1797 tricolore（三色旗）

我们知道tricolore不光是一面旗子，还是比萨顶部的装饰配料。而且，法语对英语的贡献一直持续了几个世纪，还将继续持续下去。

大约30%的英语词汇来自法语，当然这也取决于你如何计算。也就是说，虽然英语本质上是日耳曼语，但我们至少有三分之一的罗曼蒂克（romantic）血统。

Romance Languages
浪漫的语言

法语是浪漫的语言，因为法国人，从定义上来说，是浪漫的。

很久以前，有一个罗马帝国，由罗马人在罗马掌管。然而，他们所说的语言并不叫罗马语，而叫拉丁语。

罗马帝国辉煌一时。他们有很多伟大的作家，像维吉尔和奥维德，他们用拉丁文写书。他们还拥有一支令人恐惧的高效军队，将死亡和拉丁语传播到已知世界的每一个角落。

但是帝国总会衰亡，语言也会发生改变。六百多年前，乔叟会写"al besmotered with his habergeon"，但现在我们很难理解他写的是什么，除非你学过乔叟那个时代的英语。

罗马人以及他们的拉丁语也有同样的遭遇。那不是一个突然的断裂，而是随着时间的推移，语言逐渐发生改变，直到在罗马没有人能够理解那些伟大的罗马作家所写的文字，除非他在学校学过拉丁语。逐渐地，人们不得不开始把古拉丁语与人们在罗马街头所说的语言（也就是Romanicus）区分开。

随着黑暗的中世纪的到来，拉丁语与罗马街头语——Romanicus之间的差异也越来越大。拉丁语以某种方式保留下来。古典拉丁语或其相似语成为罗马天主教堂使用的语言以及学术语言。如果你想写点儿什么，希望能够引起教皇或教授重视，你必须用拉丁语写作。即使到了1687年，艾萨克·牛顿仍然要用拉丁语发表他的伟大著作《自然哲学的数学原理》(*Philosophiae Naturalis Principia Mathematica*)。

然而，在中世纪，大多数人都不想读关于理论神学的书。他们想读的是关于身穿闪亮盔甲的骑士和处于危难中的美丽少女的故事。他们想要的是喷火龙、魔法山和大海另一端的奇幻仙境。于是这样的故事就有了一箩筐，它们就是romanice scribere，即用Romanic写的（这个阶段 Romanicus中的-us已经被扔掉了）的故事。

Romanic还有不同的版本。有从罗马发展起来的Romanic，有在法国使用的Romanic，还有在西班牙以及罗马尼亚使用的。

但是这些不同的版本,以及所有用这些语言所写的故事都统统被叫作Romanic。

懒惰的人发音时把Romanic当中的i也省去了,那些故事以及写故事用的语言也不再叫Romanic,而变成了Romances。

因此直到今天,人们仍把那些关于勇敢、潇洒的骑士以及忧伤少女的故事叫作romances;如果有人努力营造此类故事中的氛围,比如在月光下的散步,开个烛光晚餐或难忘的生日会,他们就被称为浪漫的人(romantic或者Roman)。

Peripatetic Peoples
流浪的民族

与Roman、romance或Romania都毫无关系的一个词是Romany(吉卜赛人)。Romany指的是几个世纪以来开着篷车在欧洲各地流动生活的人,他们有很多名字,而且这些名字都非常不准确。其中最常见的名字是那些多疑的、有住房的居民(house-dwellers)给取的,叫吉卜赛(gypsy),这个名字源自一个完全错误的认识,那就是认为他们来自埃及。

Gypsy和Egyptian过去是完全可以互相替代的。在《安东尼与克里奥佩特拉》(又名《埃及艳后》)的开场词中,莎士比亚提到克里奥佩特拉的"埃及人的欲望"(gypsy lust),这到底是怎么一回事呢?

吉卜赛人最后被称为埃及人(Egyptians)完全是因为1418年的一件事,那一年,一群吉卜赛人来到奥格斯堡,声称他们来自"小埃及"。至于他们到底为什么这么说,我们不是很清楚。他们当时急需钱和安全通行证,这些当地政府都给了,但后来却被当地的人民剥夺了。而他们"来自埃及"的这个说法却因此传开,还产生了一个传说:吉卜赛人被诅咒注定要在地球上流浪。因为在约瑟、玛丽和耶稣为躲避希律王的暴怒被迫逃到埃及的时候,当地一个部落拒绝给他们食物和庇护,根据推断,吉卜赛人就是这个部落的后裔,因此他们注定要永远遭受同样的命运。

事实上,吉卜赛人并不是来自埃及,而是来自印度。这一点可以从他们的语言判断出来。相比其他语言,他们的语言与梵文和北印度语有着更加紧密的联系。Roma一词来自Rom,在吉卜赛人的语言中代表的是man,而这个词最初源自domba,它是一个梵语词,指的是一种音乐家。

然而,关于吉卜赛人起源的故事仍然广为流传。被认为是埃及人的错误在匈牙利永远地延续了下来。在匈牙利,吉卜赛人被称为Pharaoh-Nepek,意思是"法老的人"(Pharaoh's people)。

但是在不同的国家，吉卜赛人有不同的传说和名字，尽管全部都是错的。在斯堪的纳维亚，他们被认为来自鞑靼，因此被称为鞑靼人，而在意大利他们则"来自瓦拉其亚"，被称为瓦拉其亚人。

西班牙人认为吉卜赛人是来自佛兰德的比利时人（Flemish Belgians）。他们的想法令人费解，因为虽然其他欧洲人的想法也都是错的，但他们至少都认为吉卜赛人来自东方的某个神秘所在。因此有人说，西班牙人只是在开玩笑而已。不管怎样，西班牙人开始把吉卜赛人以及他们的音乐称为Flemish，或者Flamenco（弗拉明戈）。

法国人则认为吉卜赛人来自波西米亚（现在的捷克共和国），于是把他们叫作波西米亚人（Bohemians）。然而到了1851年，一个名叫亨利·穆杰（Henri Murger）、身无分文的法国作家正在写关于巴黎拉丁区的生活，他认为，他的大多数艺术家同行对传统的蔑视使他们成为"社会上的波西米亚人"（social Bohemians）。因此这部小说的名字就叫《波西米亚人的生活场景》（*Scènes de la vie de bohème*），这个名字也流行起来。作家萨克雷在小说《名利场》中就使用了这个名称，意大利作曲家普契尼将穆杰的书改编成了歌剧，取名为《波西米亚人》（*La Bohème*）。因此，到了现在，我们还把那些反传统的、贫困潦倒的艺术家叫作Bohemians。

From Bohemia to California (via Primrose Hill)
从波西米亚到加利福尼亚（经由樱草山）

波西米亚在文学地理学中占有特殊的地位。莎翁的《冬天的故事》中的第三幕第三个场景就发生在波西米亚的海岸上，第一行台词证明了这一点：

> 你是完美的，那么，我们的船是否已经
> 触到了波西米亚的荒原？

为什么波西米亚会这么特殊呢？让我们快进一个世纪，引用《项狄传》中的一段话：

> ……在整个波西米亚王国中，怎么偏偏就没有一个港口城镇？
> ——为什么会这样呢，特里姆？我的叔父托比喊道；因为波西米亚是内陆国家，没有办法。
> ——还是有办法的，特里姆回答，如果上帝高兴。

不管上帝是否高兴，波西米亚是内陆国家的观点让莎士比亚很高兴，因此虚构故事中的波西米亚就弥补了现实中永远不可能有的缺憾。永远不可能吗？几乎是这样。叔父托比似乎不知道在13世纪后期以及16世纪早期，波西米亚曾一度拥有亚得里亚海岸的一小块领土。

当然，莎士比亚绝对不知道波西米亚曾一度不是内陆国家的事实。莎翁对地理从不关心。在《暴风雨》这部戏中，普洛斯彼罗被绑架，趁着夜色，他被人从米兰的王宫中一路绑到了码头上。在法拉利发明前，一晚上绑着一个人走74英里的路程简直不可能，但对于诗人来说这都不在话下。莎翁笔下，有人从维罗纳启航[1]，有一个修帆工人在贝加莫工作，贝加莫是意大利的一个城市，距离最近的港口也有100多英里。

现代的作家忙着做研究，而莎士比亚却忙于写作。他有一个剧全部背景都设在威尼斯，但他显然没有意识到那里有运河；至少他从未在剧本里提起过，每当一个城市出现的时候，他都说是一片陆地（land），尽管它在海中。

莎士比亚似乎从来没有看过地图，谁要是对此嗤之以鼻，大可以像克里奥佩特拉（埃及艳后）一样，到金字塔顶吊死自己。毕竟，小说只是忽略时间的事实。如果极地冰盖持续融化，大海

---

[1] 维罗纳不是港口城市。——译者

最终也会到达维罗纳，到达米兰，到达贝加莫。然后，太阳将会膨胀，而几十亿年后的地球将会是一块炙热的、燃烧着的岩石，那时莎士比亚坟墓中烧焦的骨头将得到承认，因为威尼斯所有运河都已经干涸了。

诗人豪斯曼（A. E. Housman）的诗歌 *Hughley Steeple* 中表达了同样的态度。在给哥哥的信中，他这样写道：

> 从文洛克岭向下看，我可以确定休利教堂不大会有太大的尖顶。但是，我已经写了这首诗，也想不出另外一个如此好听的名字。我只能哀叹，要是休利教堂能够效仿布鲁教堂的坏榜样就好了，这个教堂依然屹立在一片平原上，虽然马修阿诺德说（在一首名为《布鲁的教堂》的诗歌中）它矗立在群山中。

一个名叫阿尔弗雷德·德维尼的法国剧作家写了一个剧本，以伦敦为背景，讲的是诗人查特顿注定要失败的故事。如果你是法国人，肯定觉得这个剧本写得很好，但任何一个伦敦人在看到查特顿的朋友出发去樱草花山（Primrose Hill）猎捕野猪时肯定忍不住发笑，因为樱草花山是伦敦郊区一个绿意盎然的小公园。不过，樱草花山与伦敦动物园是近邻，只需要一两个不结实的栏杆，德维尼的描述可能成为事实，而伦敦人可就危险了。

在时间的教导下，胡编乱造也能变成地理学。过去，希腊人相信一个名叫Amazonia的国家有很多凶猛的女战士，但实际上它并不存在。然而，在几千年后，一位名叫弗朗西斯科·德奥雷利亚纳的探险家在一次南美大河流的航行中被愤怒的女人攻击，于是他就把那里命名为Amazon（亚马孙河）。或者，我们以完全虚构的加利福尼亚岛（island of California）为例。

California
加利福尼亚

关于加利福尼亚的最早描述出现在1510年的西班牙文字中，这有点儿奇怪，因为当时从没有欧洲人去过美洲西海岸。但小说总是比事实先行一步。

这段描述是由加西亚·罗德里格斯·德蒙塔尔沃（Garci Rodriguez de Montalvo）写的，他之所以言之凿凿，是因为加利福尼亚完全是虚构出来的地方。

德蒙塔尔沃创造了很多具有高尚骑士精神的精彩故事。故事中有身披亮闪闪的盔甲的骑士，有巨龙、魔法师以及忧伤的少女，还有居住着珍禽异兽、遥远而神秘的地方。在他的第四本书——

《艾斯普兰迪安的功绩》(*Exploits of Esplandian*)中,他创造了一个奇怪的岛屿,这个岛屿紧邻失落的伊甸园。[1]

德蒙塔尔沃写道:

> 要知道,西印度群岛的右手边有一个岛名叫加利福尼亚(California),它与人间天堂毗邻,岛上居住着黑皮肤的女人,没有任何男子,因为她们像亚马孙女战士(Amazons)一样生活。她们拥有美丽、强健的身体,勇敢而坚强。她们的岛屿是世界上最强大的岛屿,有悬崖峭壁和岩石海岸。她们的武器全都是金子做的,她们常常驯养野兽当坐骑,这些野兽的挽具也是金子做的,因为岛上除了金子,没有其他的金属。

这段文字让你对德蒙塔尔沃的想象力有了一定的了解,同时也可以解释为什么那些正在向新大陆航行的健壮的西班牙探险家对这些可能居住着强健的、性感女人的地方充满向往。我们知道克里斯托弗·哥伦布的儿子就有一本德蒙塔尔沃的书,第一个进入太平洋的欧洲人科尔特斯在1524年的一封信中也提到过此书。而且,我们现在所称的加利福尼亚那时被认为是一座岛屿。

---

[1] 这里做一点说明,有一种说法是,完美的伊甸园并没有在挪亚的洪水中被摧毁,而是被冲到一个遥不可及的地方,谁也找不到了。

当然，加利福尼亚从来都不是什么岛屿，但是由于一个修道士探险家的错误，欧洲的地图制作者从16世纪到1750年左右一直都坚信它就是一座岛屿。探险家们为什么会犯这样的错误，我们不清楚[1]，但是，即使到了1716年，一个英国地理学家还是这么写的：

加利福尼亚。

以前认为这里只是一个半岛，但现在发现它四周完全被大海包围。

这样的错误对我来说再好不过，对那些正在为这片温柔天堂命名的西班牙人来说也再好不过，这些探险家们决定用德蒙塔尔沃骑士小说中描写的居住着勇猛（且妩媚的）女人的神奇之地来命名这个地方。

德蒙塔尔沃之所以把他书中的岛屿叫作California，是因为这个岛由一个名叫卡拉菲亚（Calafia）的美丽女王掌管。在《艾斯普兰迪安的功绩》这本小说中，卡拉菲亚被说服带领她勇猛（且妩媚的）女子军队以及被驯化的怪兽狮鹫，在围攻君士坦丁堡时对抗基督教徒。然而，卡拉菲亚爱上了艾斯普兰迪安，她被打败，

---

[1] 好奇的读者请参考西摩尔·施瓦兹所著的《美国的地图之误》(*The Mismapping of America*)，这里我只是对他详细的描述进行了不太成功的缩写。

被俘虏，并皈依了基督教。之后她带着她的西班牙丈夫以及那些训练有素的狮鹫回到了加利福尼亚岛。

Drugs
毒 品

毒品是一种可怕的东西，对赛马尤其不利。只要让赛马吃一点点毒品，它的表现就会受损，这就是为什么赌马者一定要提前知道哪些马是吸过毒的，哪些马没吸毒就可以赢得比赛。如果知道了这些，赌马者可以说是获得了内幕（have the dope on a race）：知道某匹马要一败涂地了（go to the pot）。

Pot一词与炊具没有任何关系，而是来自墨西哥-西班牙语中的potiguaya，这个词的意思是大麻叶（marijuana leaves）。Marijuana是Mary Jane（大麻）在墨西哥语中转化后形成的，至于其中的缘由，估计吸毒后的兴奋让人们都忘记了。另外一个与毒品有关的墨西哥词是reefer，它来自grifo，这个词表示边境以南吸毒成瘾的人。

事实上，表示毒品的词汇和它们的起源一样具有异国情调。如果assassins真的吸食大麻，他们应该会用水烟壶（hookah）来吸。

hookah 是一个小壶，毒品的蒸汽通过时它会冒出泡泡。美国军队在越南战争中也学会了用同样的方式吸毒，他们用当地的泰语[1]来表示水烟壶，那就是 buang，之后又把它改为 bong。

当然，有关毒品的术语有争议、有传说，也有糊里糊涂的假设。没有人百分之百确定 joint 这个词指的是鸦片烟卷吸食的东西，还是表示大家可以"共享"，因此能共同（jointly）拥有。也没有人明白为什么20世纪20年代的新奥尔良人把 joints 称作 muggles（后来指麻瓜、非魔法界的人），但这一点对理解"哈利·波特"系列小说提供了有趣的新视角（罗琳小说中的另一个角色名叫 Mundungus[2]，这个古老的词语表示的是一种低质烟草）。那个发明 spliff（大麻烟卷）的人没有留下任何理由。

Dope 最早指的是一种浓稠的酱汁，叫作 doop，荷兰人用它来蘸（dip）面包吃。后来人们开始吸食一种浓稠的胶状鸦片，这个意思就迁移到了毒品上。阿姆斯特丹的大麻咖啡馆（dope cafes）现在已经享誉全球，但一想到从荷兰人最初的 doop 中获得的快感现在变成了安慰剂效应（placebo effect），真是有点儿小小的遗憾。

---

1 泰语与傣语属同一语系，有相当部分的词发音是相似的。傣语应用于泰国、老挝、缅甸、越南、柬埔寨以及中国西南和印度东北的傣泰民族中。——编者
2 蒙顿格斯，凤凰社的初始成员之一。——编者

Pleasing Psalms
让人愉快的赞美诗

Placebo是拉丁词汇,表示 I will please(我愿意),它的起源与医学没有关系,而跟宗教有关。

从19世纪初开始,placebo一直是个医学术语,指的是一种"用于取悦病人而非造福病人"的药物。在此之前,placebo指的是一个勉强合格的医生能够想到的任何常见的疗法。问题的关键不是那颗药丸,而是医生带来的安慰,因为在安慰剂(placebo)发明之前,早就出现起安慰作用的医生了(Dr Placebo)。

1697年,一位叫罗伯特·皮尔斯的医生痛苦地回忆说,他总是被一个迷人的,但毫无天分的医生击败,这个医生的名字他并没有写下来,或许出于礼貌,或许出于害怕,他只把他叫作Doctor Placebo,而且带着嫉妒可怜地写道:Placebo的"假发比我的要宽两个卷呢"。

不管这个最早的Placebo医生是谁,他的绰号被18世纪同样愤怒的医生们传开了,并且由Placebo医生产生了具有安慰剂作用(placebo effects)的安慰药物(placebo pills)。

说到这里,似乎有点儿解释不清了,因为虽然placebo的确表示"我愿意"(I will please),但是这个词最初与治病没有关系,而与葬礼有关。没有什么比一个好的葬礼更有趣的了，任何真正喜欢聚会的人都会跟你抱怨现在的死亡率太低了，尽管最终的死亡率是百分之百。在守丧期间消耗的酒水有着奢侈无度的疯狂，这在受洗仪式中很少或者从来没有出现过。

现在的人们可能仍然会出现在陌生人的葬礼上，仅仅为了吃酒席，而在中世纪，这种做法非常普遍。那时候人们会穿上他们最好的衣服，出现在富人家的葬礼上，四处帮帮忙，为的就是加入守灵队伍。

这就意味着，在大家唱第114首赞美诗的前9节时，他们都需要伫立默哀。因为是轮流吟唱，而且他们都想表现出对死者特别的热情，他们会殷勤地把第9首诗唱给主祭：

Placebo Domino in regione vivorum.

这句诗的意思是：

我会在活人之地讨耶和华的喜悦。

在14世纪的诗歌《良心的刺痛》（*Ayenbite of Inwit*）中，作者写道，"最糟糕的谄媚就是为死者唱晚悼词（placebo）"。乔叟也有类似的表述,"谄媚者是魔鬼的牧师,他们总是唱着晚悼词(Placebo)"。

这么一来,从赞美诗到葬礼,从葬礼到谄媚者,然后又到谄媚的医生,最终到了安慰剂(placebo pill)。

这一切似乎有些匪夷所思,一些词源学家更倾向于直接从拉丁语的"我愿意"(I will please)中寻找线索,但在中世纪,赞美诗的地位比现在重要得多,很多我们意想不到的词都是在赞美诗里出现的。Memento(纪念品)之所以出名,是因为它是第131首赞美诗中的第一个词:

Memento Domine David et omnis mansuetudinis eius.

意思是:

主啊,请记住大卫以及他遭受的所有折磨。

更加让人不解的是赞美诗(psalms)与"付款"(to pony up)之间的联系。

3月25日是一年中第一季度的末尾,也是按季计薪的人的第一个发薪日。因此,3月25日对所有人来说都是好日子——除了雇主，好在也没有人喜欢他们。

3月25日这一天，人们醒来，蹒跚走向教堂去做晨祷，唱着赞美诗，心中充满贪婪的渴望。这一天的赞美诗是第119首第五部分，这是圣经中最长的诗歌，需要把它分成小段来唱。第五部分的开头是这样的：

Legem pone mihi Domine viam iustificationum tuarum et exquiram eam semper.

意思是：

主啊，教给我你的律例，我会奉行到底。

因此，legem pone 成了一个俚语，意思是"首笔付款"，因为在满脑子都装着赞美诗的中世纪人心里，"发薪日"这天最先遇到的两个词就是 legem pone。在之后的几百年里，legem 早已被抛弃，但这个短语可没有消失。如果有人让你去付款（pony up），你可以想想那只是 legem pone 的变体，并且隐含了对报酬的赞美。

Biblical Errors
圣经中的错误

有人说《圣经》就是上帝的启示语录，这就意味着上帝是说英语的。美国甚至有一个协会相信钦定版《圣经》是在神的启示下赐予人类的，他们每年都举行一个盛大的仪式将其他版本的《圣经》堆积起来焚烧。

的确，钦定版比一百年前迈尔斯·科弗代尔的翻译要准确得多。科弗代尔是一个早期的新教徒，他有一个信念：圣经必须翻译成英语。但那时似乎没有人打算做这件事，于是他决定亲自动手，他不懂拉丁文、希腊语，也不懂希伯来语，但这些小问题都不能阻止他的行动。可惜啊，现代的圣经研究学者们缺乏的就是这种"敢作敢为"的态度。

不过科弗代尔懂一点儿德语，然而创立了新教的德国人早就开始准备他们自己的译本了。科弗代尔投身于自己的工作，他所翻译的诗篇至今仍在英国教堂活动中使用。他的有些翻译虽不准确，但很优美。比如下面这一句：

这些奇怪的孩子必将失败：从监狱出来心存畏惧。

的确优美而神秘。但是这些奇怪的孩子是谁？他们为何奇怪？他们到底在监狱里干什么？答案在下面这个更准确的翻译中：

> 国外出生的孩子必须遵守：他们战战兢兢地从自己的堡垒中出来。

科弗代尔最棒的误译是有关约瑟夫的，在第105首赞美诗中，我们读到：约瑟夫的脖子（neck）被钢铁缠绕。问题是，在希伯来语中，脖子（neck）与灵魂（soul）是用一个词来表示的。原文中的词是nefesh，它通常的意思是脖子（neck）或喉咙（throat），但也可以表示呼吸（breath，因为你通过脖子进行呼吸），这个词还可以表示灵魂（soul），因为灵魂是生命的呼吸（在拉丁语与英语中也是如此，比如spirit与respiratory也是一个意思）。

如果科弗代尔只犯了这么一个错误，英语中可能就会有这么一个句子：His soul was put in iron。但是科弗代尔可是有错就要犯的主儿，他还把主语与宾语弄混了，于是就产生了一个荒谬不当的奇妙句子：The iron entered into his soul。

然而就是这么一个句子，却流传下来。它与希伯来原文可能没什么关系，但由于它让人过目不忘，也就流传开来了。没有人在乎这是一个误译，听起来过瘾就行。

话又说回来，即使在《圣经》被翻译正确的情况下，英语国家的人也会把它弄错。举例来说，strait现在常用来表示一个狭长的水域，比如白令海峡（Bering Straits）或直布罗陀海峡（the Straits of Gibraltar），然而，你如果仔细想一想就会发现，还有一些东西也叫strait。"约束衣"（straitjackets）就是用来绑疯子的小外套。喜欢把鞋带系得非常紧的（tightly laced-up）人被称为strait-laced（转义为拘谨的人，固守道德观念的人），如果一道门很难通过，它就是"窄门"（strait gate），世界上最难通过的大门是进入天堂的门：

> 因为通向生命的是窄门（strait）、隘路（narrow），故极少人能找到。

因此，我们有strait and narrow（恪守惯例的人）这个短语，不是straight and narrow哦。

最后一个例子：圣经中有一个短语the salt of the earth几乎逆转了原意。现在，the salt of the earth指的是普通人、工作着的男男女女，或者克拉珀姆（伦敦南部地区）公交车上的普通人乔德；如果当真如此，这个地球就变得太咸了，味道不好。

耶稣创造the salt of the earth时，他的意思完全相反。世上充满了罪人和异教徒,上帝之所以没有将世界彻底毁灭,要感谢那些少数信仰上帝的人,他们就像大地之汤中的盐。

> 你们是世上的盐:若盐失了味,怎能叫它再咸呢?以后无用,不过丢在外面,被人践踏了。

说到这里就难以理解了,因为耶稣后来就是被一群罗马的salt-men钉在了十字架上。

Salt
盐

没有人知道"士兵"(soldier)这个词从哪里来,但最佳猜测是它与盐(salt)有关。在古代,盐的价值比今天要高得多。对罗马人来说,盐是美味的白色黄金。罗马军团的士兵会收到一笔特殊的津贴专门用于买盐,让自己的食物可以下咽,这笔钱叫作salarium,我们由此才有了英语单词salary(薪水),实际上就是"盐钱"(salt-money)。罗马作家老普林尼由此推论,soldier一词来自sal dare,意思是"给盐"(give salt)。这一理论本质上没什么错误,但是老普林尼有点儿疯癫,所以他的话我们最好半信半疑(a pinch of salt),就像地球上的盐一样,只是让我们的饭菜更容易下咽。

不过,盐主要还是用在烹饪,而不是军事上。几乎每一种食物都含有盐,而且大量有关食物的词语都与盐有关。罗马人把盐放入他们的每一种酱汁里,并称其为salsa。古代法国人丢掉其中的L,把这个词变成了sauce(调味汁,酱),同样,他们把罗马人的salsicus,也就是腌肉,先变成saucisses之后又变成了sausages(香肠、腊肠)。意大利人和西班牙人保留了L,因此他们制作的香肠叫作salami[1],可以蘸上酱汁(salsa)食用,西班牙人还发明了一种同名的舞蹈,叫作萨尔萨舞曲(salsa)。

盐对于一顿美餐来说非常关键,因此我们在桌上吃饭时通常会放两次盐。古法国人在饭桌上曾经用盐盒(salier或者叫salt-box)来盛盐。英国人一直都想搞清楚为什么法国人做饭如此美味,他们偷了这项发明,把它带回了国内。然而,salier离开法国之后,人们很快就忘记了它的起源以及它是怎么拼写的,于是salier最后竟变成了cellar。之后,为了更清楚地说明cellar里面是什么,我们在它前面加上salt,称其为salt cellar(盐碟),从词源来说,这个词实际上是salt-salier或者salt-salter。

---

[1] 西班牙人把他们的香肠叫作salchichón,很明显这个词语与salsicus有联系。

罗马人会用salt-salter腌制蔬菜，并制作herba salata，后来我们把这个词缩略为salad（沙拉）。这让我们想起美好的旧时光里的一个神奇的巧合：在《安东尼与克里奥佩特拉》中，埃及艳后提到了她那：

> 青涩的时候（salad days），
> 是还不能做出成熟判断的时候……

Salad days这个短语在英语中已经站稳脚跟，我们把它当作halcyon days的同义词使用，更为蹊跷的是，salty days居然也跟它们的意思一样。

Halcyon Days
太平日子

人们常带着怀旧的情绪说起那过去的太平盛世（hacyon days）。他们渴望着、悲伤着，在渴望的同时，又问什么时候还能再见到那个美好时代。

我们会见到的。

每年的12月14日到28日就是我们说的Halcyon Days（冬至前后风平浪静的日子），从词源学上说，它与salad days一样，都是咸的（salty）。这一次的salt来自希腊，我们要研究的前缀hal-，实际上与产盐的化学物质halogens（卤素类）中的hal是一样的。

的确，halcyon与halogen在词源上几乎是相同的：一个产生的是盐，一个产生的是咸这个概念。这是因为，halcyon是翠鸟（kingfisher）的另一种叫法，而翠鸟在海上产卵。

要完整而准确地解释这一切，我们需要求助于罗马诗人奥维德，他在诗歌《变形记》(*Metamorphoses*)中对此进行了全面解释。很久以前有一个名叫刻羽克斯（Ceyx）的男孩与一个名叫海尔赛妮（Halcyon）的女孩深深相爱。不幸的是，刻羽克斯必须出海，海尔赛妮只能每日在海边等他回来，她凝视着地平线，盼望着她心爱的人能够平安归来。

海尔赛妮日日守望，直到有一天她的梦告诉她——这绝对可靠——刻羽克斯的船已沉入大海，他溺水身亡。得到这个消息，海尔赛妮悲痛万分，不几天就生病去世了，乔叟在他的一首美妙的对偶诗中这样描述：

唉！她悲伤地叹息
在第二天凌晨死去。

这件事让所有人都很难过，包括天上的神们，他们聚在一起商议，决定至少要为这对苦命的恋人做点儿事，他们把两人变成了鸟。因此刻羽克斯和海尔赛妮从死亡中复活，披上了羽毛，这就是翠鸟的由来。

由于海尔赛妮曾经那么久地凝望大海，因此那里也就成为她现在产卵的地方，她把卵产在一个小小的漂浮着的巢中；为了确保她不被打扰，神们安排，在她产卵期间，也就是整个12月的后半月，风须轻拂。因此，这两周的好天气现在就被称为Halcyon Days。

当然，现代的生物学家对奥维德的故事嗤之以鼻，认为它根本不符合事实。然而，诗歌比事实要重要得多，如果你不信，试试用这两种方法去对付女人。

Dog Days
三伏天

三伏天（Dog Days）与冬至前后两周（Halcyon Days）一样，是一年中的特定时期，至少以前曾是这样。天空中第二亮的星星（太阳是最亮的）是天狼星（Sirius），也就是Dog Star，因为它是大犬座（Canis Major）中最亮的一颗星。然而，在盛夏时节我们却看不到天狼星，因为它与太阳同升同落。古埃及人计算出这一段时间是7月24日到8月24日之间，他们还注意到这正是一年中最为酷热难耐的一段时间，于是他们理所当然地认为，这是因为太阳以及天狼星的光线合在一起才导致的。他们还想了很多降暑的方法。古希腊作家赫西奥德提出了下面的建议：

> 在让人疲惫的炎炎夏日，山羊是最肥的，酒是最甜的；女人是最放荡的，但是男人是最脆弱的，因为天狼星炙烤着头顶和膝盖，皮肤因为水分蒸发而干燥。但在此时，请给我阴凉的岩石和比布里斯酒，一块凝乳，挤干山羊的奶，再加上山林里喂养的小母牛的肉，母牛须是头胎，且没产过犊的；然后让我坐在阴凉处，喝着晶莹剔透的葡萄酒，吃到心满意足时，让我把头转向清新的西风，它来自潺潺不息、倾泻而下的澄澈泉水，三倍的水流奔涌，四倍的奠酒抛洒。

在三伏头一天把上面的篇章背给服务人员听非常有必要。然而，你也要小心，因为岁差，在过去的两千年里，三伏天的计算也发生了改变，现在大约从7月6日开始，当然，这还要取决于你所在的纬度。

所有这些与"风水轮流转"（every dog will have his day）没有任何关系，这个说法来自《哈姆雷特》：

赫拉克勒斯大力神可随意试身手，

　　猫会喵喵，狗也有得意的时候（Dog will have his day）。

我们所说的Dog Star，罗马人叫Canicula（意思是狗）[1]，而希腊人叫作Sirius，意思是灼热的（scorching），因酷暑的炎热而得名。然而，希腊人有时候也把它叫作Cyon（the Dog），在天狼星之前升起来的星星现在还叫作Procyon；由希腊语中表示"狗"的词cyon，还产生了一个英语单词——cynic。

Cynical Dogs
愤世嫉俗的狗

犬儒学派（Cynics）是古希腊的一个哲学流派，由安提西尼创建，被他的学生第欧根尼发扬光大。

---

[1] 法国人现在还把热浪称为une canicule。

无论从哪个方面来说，第欧根尼都是一个古怪的人。他住在雅典市场中的一个桶里，在大白天，手中也拿着一盏灯，说是为了寻找诚实的人。他唯一的一件俗物是用来喝水的杯子。但有一天，他看到一个农民用手掬水而饮，就立即扔掉了自己的水杯。关于他的死说法不一，但有一种说法是他屏住呼吸而死。

"犬儒"（Cynic）的意思就是"像狗一样"（doglike）。为什么以第欧根尼为首的学派被认为像狗呢？

在雅典附近有一个gymnasium，专供非纯雅典血统的人使用。古希腊的gymnasium与我们现在所说的体育馆意思并不完全一样。一开始，它只是一个露天场地，更像一个林间空地，而不是一个装有橡胶垫和双杠的建筑。人们在那里进行体育锻炼，而且是赤身裸体。Gymnasium一词来自希腊语中的gymnazein，意思是"裸体训练"（train in the nude），而后者又源自gymnos，意思就是"裸体"（naked）。当然，如果你能把心思从那些裸体男子身上移开（很多希腊哲学家很难做到），你会发现这里也是社交、辩论以及教授哲学的地方。第欧根尼的gymnasium被称为Gymnasium of the White Dog（白狗健身房）或者Cynosarge，因为曾经有一条白狗在这里叼走了一块肉，弄脏了祭品。

由于第欧根尼不是雅典本地人，因此只能在Dog's Gymnasium里开坛授课，就这样，整个哲学流派就以一只饥饿的流浪犬的名字命名了。一个有趣的结果是，从词源上来看，愤世嫉俗的女性（cynical female）就得被称作母狗（bitch）了。

Greek Education and Fastchild
希腊教育和快孩子

如果说犬儒学派是狗，那么斯多葛学派（Stoics）就是"门廊哲学家"（porch philosophers），因为他们的创始人芝诺（Zeno）是在雅典大会堂的彩绘门廊里（Stoa Poikile）讲课的。如果你既不喜欢斯多葛学派，也不喜欢犬儒学派，你可以到以特洛伊战争英雄阿卡蒂莫斯（Akademos）的名字命名的树林中去。柏拉图就是在阿卡蒂莫斯树林中授课的，之后所有的学院（academies）都以此命名，这么说来，系列电影 *Police Academy*（《警察学校》）也都是借了柏拉图的光，以特洛伊战争英雄的名字命名的。

正如大家所了解的，雅典人都是快乐的哲学家。这是因为他们有一套非常棒的教育体制，在此体制下，雅典的孩子们，也就是paedos，会接受一整套（cyclos）的学习。因此，他们获得的知识就叫作en-cyclo-paedic（百科全书）。

希腊人进行全科知识教育，这种教育方法让罗马人印象深刻，于是罗马人开始编写全科知识书籍，称作encyclopaedias，试图包含天下各类文章。两千年之后，因特网产生了。

因特网基于计算机运行，计算机又通过各种不同的程序语言来工作。这些程序语言往往是相当复杂的，很难学习，甚至对于创造它们的人来说，使用起来也很慢。因此，1994年，一个叫沃德·坎宁安（Ward Cunningham）的家伙开发出了一个能够创建相关联网页的系统，使之简单、快速。因为速度快，他就称其为wikiwikiweb，因为wiki在夏威夷语中表示"快"的意思，那么重复的wiki就表示非常非常快。

没过多久，人们就感觉wikiwiki说起来有点儿拗口，于是口语中就把它缩短为wiki。拉里·桑格（Larry Sanger）就是在这种情况下发现了这个词。那是2001年，他正在思考使用wiki系统创建一个基于因特网、可以协作的百科全书，他采用了wiki以及encyclopedia这两个词，把它们整合在一起，形成了Wikipedia（维基百科）。维基百科是现在世界上访问量排名第七的网站。然而，在它的3.65亿读者中，很少有人知道Wikipedia的意思是Fastchild。更少有人会了解，任何一个喜欢Wikipedia的人在技术上和词源上都是一个Wikipedophile[1]。

---

[1] 指的是日夜沉溺在维基百科上问各种问题、无法自拔，而且没有社交生活的宅男。——编者

Cybermen
网络人

在现代社会，如果你不用维基（Wiki），不上网（cyber），不进虚拟世界（virtual），你就什么都不是。当然，你可以放弃这一切，到现实世界中寻求生活，人类几千年来一直在尝试这么做，但都没有成功。

网络空间失去了控制，里面充斥着cybersquatters（网络蟑螂），他们与cyberpunks（网络黑客）进行着cybersex（网络性交易）。如果有人真正了解cyber的含义，这会更有意义，答案可能让网络朋克们震惊，因为cyber的意思是controlled（受控制），与governed一词源自同一词根。

20世纪40年代，有一个叫诺伯特·维纳的人正在研究动物与机器之间如何相互交流和控制。他决定将自己的研究领域命名为"控制论"（cybernetics），这个词在希腊语中表示"舵手"（steersman）。舵手掌控着（controls）他所在的船只：在希腊语中称之为cubernans。由此，罗马人想到掌控政府之船的长官（governor）应该用gubernan这个词，虽然在现代，字母B已经被V替换，但归地方长官处理的事务仍然以gubernatorial（地方长官的，州长的）一词来形容。

另外，punk是20世纪早期美国人对同性恋的称呼，特别指乖张的老流浪汉与顺从的年轻人的同性恋情。从那时起，punk就成为一个普遍的侮辱性称呼。70年代，punk被喧闹的摇滚歌手拿来作为荣誉标志。然而，词源学家在看到cyberpunk这个词时肯定还是会禁不住暗自思忖，这些同性恋到底要做什呢？

另一个完全改变意义的词是virtual。也许你还不知道，virtual reality表示"不真实的现实"。它几乎跟真实的现实（virtually real）一样，尽管这跟说某人几乎怀孕（virtually pregnant）效果差不多，但真正让词源学家困扰的是，在虚拟现实中发生的事很少是讲美德的（virtuous）。

如果说一件事几乎（virtually）就是另外一件事，那是因为两者有相似的virtues（优点）。当然，virtues在这里不一定指道德上的优点，也可以是身体上的。如果说我几乎睡着了（virtually asleep），那就说明我没有睡着，但却与睡着的人有着同样的身体特征（physical virtues）。Virtue也不一定指代美好：一个刑讯的行家（virtuoso torturer）不是一个好人，他只是擅长自己的工作而已，virtue的这一含义在短语by virtue of中延续下来。

虽然现在你可以凭借不诚实的手段（by virtue of dishonesty）达到目的，但是virtue在过去可是非常好的一种追求。勇气、力量、诚实以及慷慨，这些都曾经是virtues，虽然在虚拟现实中这些几乎都不存在了。在古代，virtue指的是一个人（person）身上所有值得称赞的东西。当然，我虽然用person这个词，实际我指的是男人（man）。

Virtue的定义就是"于男人恰当的品质"（that which is proper to a man）。拉丁语中vir表示的是"男人"，virtus表示的是男子气概（manliness）。因此，virtue从根本上说与virility（男子气，男人特征）是一回事。

如果女人要有美德，她就变成了man-woman，这可是一个可怕的想法。一个man-woman可能会太过大胆，她会有自己的想法，甚至会表达自己的想法，那样一来她就可能会变成一个泼妇（virago）。

公平点儿说，virago最初是指英勇的女人，但是这有点儿性别歧视，因为它暗含的意思是只有男人才有英雄气概。事实上，语言无可救药地带有性别歧视；那不是我的错，是罗马人的错。不信你看看他们对职场女性的态度。

Turning Trix
性别歧视

很多人会把meretricious这么一个奇怪的词弄错。它的发音有点儿像merit，而merit指的是优点，因此人们就会猜测meretricious的意思可能就是meritable（有优点的）。

实际上不是，meretricious的含义是"炫耀的、俗丽的、令人鄙视的"。然而，这个词中的meret与merit有着相同的拉丁词根，两者唯一的区别是，后者常常用于女性。

罗马人表达女性概念时通常会在一个词后面加上trix，这个习惯现在几乎已经没有了，但偶尔还是会遇到这样的词。比如aviatrix表示女飞行员，editrix表示女编辑，通过收费对男性施虐的女性就是dominatrix（女性虐狂）。

曾经有很多词都带有trix，比如tonstrix就是女理发师，但后来，这些词逐渐消失了。在古罗马时期，没有人喜欢女人工作。事实上，罗马唯一工作的一群女性就是在妓院门前站着（stand in front of）寻找嫖客的人。拉丁语中表示"在某物前站着"（stand in front of things）用的就是pro-stitutio。

这是一种谋生的手段，也是当时的女孩唯一的谋生手段，拉丁语中用merere表示"谋生"。如果一个男人赚钱过日子，那是他应得的（merited），他就变成了meritable（有长处的）人。一个花着自己的钱的退伍老兵可以骄傲地宣称自己"光荣退休"（emeritus），意思是他已经挣到了（earned）他需要的，并退休了，从这里我们有了Emeritus Professors（荣誉退休教授）一词。

士兵都是男性，但如果一个女孩赚钱过日子，她就是meretrix，meretrix只能表示一个意思，就是"妓女"（tart）。因此，meretricious现在还表示tarty（放荡的）。

Amateur Lovers
业余的爱人们

Meretricious的反义词深深藏在了网球比赛中，在那里，我们还可以发现爱情的真谛。但首先，我们要简要解释一下tennis。要知道，这项运动并不被称作tennis，在温网比赛中，它被叫作sphairistike。

我们知道的网球规则是在19世纪90年代由沃尔顿·克洛普顿·温菲尔德少校（Major Walton Clopton Wingfield）制定的。当然，以前的人们也打过网球——莎士比亚就曾多次提到过这个游戏——但都是在宫殿的庭院里，由国王和王子们玩耍。直到19世纪有人发明了割草机，普通人才能够在草坪上打网球。温菲尔德少校想要把他的新游戏与以前的网球区分开，以前的网球用法语词tenez来表示，意思是"抓住"（hold）！他灵机一动，想到了phairistike这个名字，这是一个古希腊词，表示"球类技能"（ball-skill）。

Sphairistike非常受大家喜欢，但是却有一个问题：没有人知道这个古怪的词怎么发音。它是与pike押韵，还是与piquet押韵呢？事实上，它与sticky押韵；但那时没有人知道。因此，为了不让自己丢人现眼，人们干脆就叫它lawn tennis（草地网球），让温菲尔德少校和他的希腊语见鬼去吧。

但是，温菲尔德仍然保留了原来网球的计分制度，就是在这儿，我们发现了爱情的本质。你可能听过，在网球运动中，love是法语词l'oeuf的变体，它的意思是"蛋"（egg），因为蛋的形状跟零相似。这简直是神话[1]。爱等于零，因为那些因为爱而做某事的人"不在乎收获"。比如，人们或为了钱或为了关系而结婚，或者为了爱情而结婚。但是如果你单单只是为了爱情而结婚，你什么也得不到，因此爱情就成了虚无的代名词。到了1742年，love表示零的概念已经在比赛和运动中广泛采用。事实上，已知的第一个例子就出现在扑克游戏的计分规则中。

由此可见，love在网球运动中的意思是卖淫营生的反面。Love是对爱（amateur）的赞美。Amare在拉丁语中表示love，由它产生了amiable（亲切的）、amorous（多情的），以及paramour（情人）这些词。你如果为自己的情人服务，肯定

---

[1] 然而在板球运动中却是真的,零分用duck's egg（鸭蛋）来表示,后来就缩略为duck了。

不会收费吧？到了1863年，一个人还会说他不是an amateur of melons，意思是他不喜欢吃瓜。

业余爱好者与专业人士的区别仅仅在于，前者爱他们所做的，而后者是因为报酬才去做。可惜的是，这也意味着所有的爱人都是相当业余的（amateurish）。这是没办法的,词源已经注定如此。

爱情比金钱好多了。你应该害怕金钱——因为money就是这个意思。

Dirty Money
肮脏的金钱

从词源上来说，金钱的意思就是"怪物"（monster）。这个词可以追溯到拉丁词monere，虽然它们之间的联系是偶然的，但却意义重大。

Monere在拉丁语中表示警告（warn），现在我们还用premonition表示"预先警告"（forewarn）。古时候，人们相信可怕的野兽是灾难的先兆。他们的观点是，一代君王毁灭或重大战役失败前，那些半人半马、半狮半鹫、狮身人面的怪兽就会从藏身处走出来，现出真身，四处游走，这些反常的猛兽都是由各种动物身体的一部分组合而成的，因此它们被叫作warnings，或者

monsters（monstrum，源自monere）。

然而，如果你需要发出警告，但又买不起半人半马的怪兽，那就用鹅来代替吧。到现在人们还靠喂养鹅来放哨，因为鹅一旦发现外来者，就会发出一阵可怕的叫声，而且它们非常凶猛。你千万不要对鹅发出"嘘"声，除非准备好要打一架。古罗马人曾在卡匹托尔山上养鹅用于放哨。公元前390年罗马人被高卢人攻击时，鹅就发挥了作用，罗马人因此在感恩节建了一座庙宇表示感谢。但是这些不懂感恩的人不去感谢鹅，而是把庙宇奉献给了朱诺（Juno）——警告女神，她的全名叫Juno Moneta。

Juno Moneta神庙的隔壁有一个建筑，罗马所有的钱币都是从那里制造出来的。事实上，神庙的一部分有可能也用来制造钱币了。但没有人敢肯定，相关资料也说得很模糊。但有一点是确定的，这个生产金币的建筑也用神庙的名字来命名，叫作Moneta，虽然现在我们已经改变了其中所有的原音，把它称作mint。

由Moneta，他们制造出了moneta，字面意思就是警告（warnings）。法国人引入这个词，并去掉了字母T，因此到了英语中，这个词已经变成money了。然而，我们从现在的形容词monetary——意思是与钱有关的——仍然可以看到它与警告女神的神庙以及愤怒的、活生生的鹅之间的微妙联系。

只是因为比邻而居，money就变成了monster。或许你也无须焦虑，钱也没有那么邪恶。你不用这么害怕，来吧，申请你的death-pledge（死亡抵押）。哦，对不起，应该是mortgage（抵押贷款）。

Death-pledges
死亡抵押

任何曾经申请过mortgage（抵押贷款）的人都会毫不意外地得知，从字面上看，这是一次"死亡抵押"（death-pledge）。然而，只有当一个人在太平间（mortuary）里拿出了抵押贷款，他才会注意到这类事情。Mort是死亡，而mortal man（终将死去之人）则是没有什么盼头的人。在这一生中，除了死亡和抵押贷款，没有什么是确定的。

抵押贷款之所以被称为"死亡抵押"，是因为它可以以两种方式"死亡"。你可以付清所有的费用，这种情况下，交易就会死亡，你则拥有了自己的房子。然而，在这个充满变化的时代，如此美好的结局可能不那么容易实现。另一种可能是你无法支付，交易失败，你的房子也被收回。1628年，《英格兰制度与法律》

以令人痛心（mortifying）的方式详细阐述了这一问题：

> 其之所以被称为mortgage，是因为不能确定封地授予人能够在限定期限内付清所有款项，如果他没能支付，那么以付款为前提，处于抵押状态的土地就会被永久收回，而这个前提对于他来说就消亡了。如果他确实支付了这笔钱，那么这个抵押承诺对于承租人来说就不存在了。

英语中隐藏着很多表示死亡的词语。许多人会注意到executive（执行者）和executioner（刽子手）之间的相似之处，但是这两者有什么共同之处呢？是不是刽子手就是那个执行死刑的人，就像送葬者（undertaker）就是负责（undertake）将你埋葬你的人？不是这样的。最初，表达"死刑"的法律术语是execute to death，来自法语中的exécuter à mort，所以其含义是：你要执行这个判决直到他们死去。

另外一个mort隐藏于caput（头颅）中。过去的修道士通过注视头盖骨来提醒自己死亡必至。这块骨头被称为death's head（死亡之头），或者caput mortuum，而最初拥有caput mortuum的人当然就是caput。听到这儿你是否已经吓得高声尖叫（blue murder）了，blue murder是由法语mort bleu直接翻译过来的，而这个短语是mort dieu，即death of God（上帝的死亡）比较直白的表达形式。

Mortgage中的gage要快乐得多。它的意思是pledge(誓言)，这个gage与你坠入爱河、打算订婚时所用的engaged一词中的gage是同一个词。它与waging war(发动战争)的关系也非常密切。

Wagering War
发动战争

除了与war用在一起，wage似乎不能与其他词合用，勉强试一下你就会发现它与其他词用在一起非常别扭。要是多看几眼，你会觉得waging war也变得奇怪起来。这个短语与工资（wages）、工资纠纷（wage disputes），或者解放工资奴隶有没有关系呢？所有这些wages之间都有联系，而且与wager（赌注）也有关系。要搞明白这些，我们还需要回到公元14世纪。

Wage最初的含义是抵押物（pledge）或保证金（deposit）。它只是mortgage和engage中gage的另一种发音。[1] Wage就是

---

[1] 中世纪的人经常分不清Gs与Ws，这也是为什么warranty与guarantee是一回事。

以抵押品（security）的方式发下去的。从wage，你很容易联想到现代的wager：仅仅就是赌徒扔下的一个赌注，或保证金。同样很容易理解的是，作为抵押品发下来的钱（money given in security）最终就变成了"作为报酬发下来的钱"（money given as pay）。但是发动战争（waging war）怎么解释呢？这就牵涉到"决斗裁判法"（trial by combat）。

在中世纪的法律中，通过拼死决斗解决法律纠纷被认为是非常合理的。虽然有人必须为这样的制度丧命，而且也无法保证公平，但律师费至少能维持在最低限度。

在中世纪，一个受了冤屈的人会扔下他的gage/wage（或者pledge），然后向对手挑战，进行决斗裁判。拉丁语中把这个叫作vadiare duellum；法语中叫作gager bataille；而在英语中就是"发誓进行战斗"[wage（pledge yourself to）battle]。

不是战争，而是战斗。毕竟，这是用暴力手段解决个人纠纷的法律术语。你在这场殊死搏斗中以自己的身体为赌注（wager）。然而，从这里可以看出waging battle的含义从承诺使用暴力到实施暴力行为的转变。

最终，当两个国家不能达成一致时，它们开始向对方发动战争（waging war）。这最后的意义转变可以说是wage的膨胀，我们也有"工资通货膨胀"（wage inflation）这么一种说法。

Strapped for Cash
资金短缺

为什么人们经常会被资金所困（strapped for cash）？

被资金捆住手脚其实是一件好事。如果你要跌倒了，需要抓住什么东西支撑一下，被带子捆住（strapped）就很好。如果你已经没有了偿还能力，陷入了债务的海洋，那时你肯定希望有人能扔给你一个绑带。当然，这意味着你目前处于负债之中，但手头拮据（strapped for cash）总比一点儿现金都没有要好。

奇怪的是，同样的隐喻又被创造了一次。如今，当一家银行即将破产时（go brankrupt），政府给它们提供了一条救生索（lifeline）。这意味着银行能够活下来，尽管他们仍然为资金所困（strapped for cash）。

顺便说一句，bank（银行）一词来自一个古意大利词，它的意思是"长凳"（bench），因为以前的放债者都是坐在市场里的长凳后面做生意的。如果放债者没能兑现他的许诺，他的板凳就会象征性地折断，而古意大利语中用 banca-rotta 或者 bankrupt（破产）表示损坏的凳子。

Fast Bucks and Dead Ones
迅速敛财与死亡

只要有货币,不管它以何种形式存在,都会牵涉死亡、危险和毁灭。一个受了惊吓的词语爱好者大约会祈祷这东西要是从来就没有该多好。毕竟,没有货币,社会还是可以运行的。比如美国,现在的暴发户之乡,在欧洲殖民者到来之前是没有货币的。

当然,是几乎没有货币。在东北部的沿海地区,他们使用串成项链的蛤蜊壳,名叫"贝壳念珠"(wampums),在墨西哥,他们用可可豆作为一种标准来进行物物交换;但是从本质上说,确实没有货币,既没有硬币,也没有纸币,没有花花绿绿的印有总统画像的钞票。

这就给那些来做贸易的殖民者带来了一个问题。当地人看硬币和纸币的眼中充满不屑与不解。他们不明白这些东西能做什么。它们既不能戴在脖子上,也不能做一杯美味的可可饮料。

早期贸易曾使用烟草作为等价物。烟草比硬币更合适。有了烟草,和睦烟斗(peace pipe)[1]就派上了用场,如果再与墨西哥的可可豆一起使用,就会让人觉得自己是个文明人了。但是烟草

---

[1] 长杆烟斗,印第安人用其来表示和睦。——译者

需要称重，而且体积较大。收成的丰歉会导致突然的通货膨胀或通货紧缩，而且，还需要仓库来保存这些烟草。

因此，商人们最终还是放弃使用烟草，转而使用另一种众所周知而且价值不菲的可靠物品：鹿皮（buckskin）。鹿皮又薄又轻，可以搭在马鞍上，不用支付的时候，你还可以用它来保暖。鹿皮很快成为北美物物交换的标准单位，而物物交换的标准单位实际上就是货币。因此，buckskin，简写就是bucks（美元），就被用于贸易中了。

了解了这一点，让我们来说说康拉德·魏泽尔，他是第一个赚到钱（make a buck）的人。此人1696年出生于德国，但因为出身新教家庭，全家被迫于1709年逃往英国。在那里，他们被关押在伦敦郊外的一个难民营里，然后被送往哈德逊河上的殖民地。1712年，康拉德16岁时，他的父亲做出了一个非常特别的决定，让他的儿子与莫霍克族一起生活了半年。康拉德学会了伊洛魁语和风俗，并由此开启了辉煌的人生事业——在美洲原住部落中担任英国外交官。

虽然有14个子女，但康拉德仍有时间与那些不满的原住部落协商谈判，帮助英国与他们签署了很多重要协约，并使他们相信，他们真正的敌人是法国。1748年，康拉德被派到俄亥俄州与五族联盟的部落进行谈判。这次谈判有多重目的，其中一个就是与这些部落讲和，为一些被杀害的英国殖民者寻求补救措施。他成功地完成了这项任务。部落理事会是这么说的：

> 我们非常憎恶所发生的一切，并认为这是由邪恶之灵本身所为；我们从未想过我们的人民会对我们的同胞——英国人——做出这样的事。因此，我们要把在邪恶之灵的蛊惑下插进你们身体的斧头（hatchet）拔掉，我们希望我们的同胞，纽约以及俄亥俄州州长能够竭尽全力，把这斧头埋入（bury）无底深渊。

这是bury the hatchet[1]这个说法最早出现的文献之一。议程上的另外一件事可就没那么容易解决了，是有关朗姆酒的。确切地说，它涉及英国人停止对俄亥俄州的印第安人销售朗姆酒的请求。关于这件事，魏泽尔是这么答复的：

> 你们对此从未达成一致——一个说可以，另外一个说不要（虽然这类人很少），第三个人又说便宜点儿就要；我们相信，最后一个人说出了你们的心声（说到这儿，他们都笑

---

[1] 把斧头埋起来，引申义为停战、言归于好。——译者

了）。因此，你们的同胞做出规定，在你们的镇上，每桶威士忌要5张鹿皮（Bucks），如果有商人向你们销售威士忌，但开出的价格与这个不符，你们就可以从他手中夺过来一饮而尽，什么都不给。

这是用buck作为美国货币单位最早的参考文献。最后，以一串贝壳交易的习惯终结了。

这对于美国的贸易来说是个好消息，可对美国的鹿来说就是不幸了。然而，还有更糟糕的。不满足只要鹿皮的美国人马上就要用鹿的角来做文章了。

The Buck Stops Here
责无旁贷

你可能以为pass the buck表达的或许是把美元传递给你身旁的人，事实上不是。毕竟，送出一美元很难把责任推给别人。两个buck唯一的共同点是都与死鹿有关。

当然，这里说的可不是传递整个动物，那很滑稽。短语pass the buck只是与鹿的尸体的某个部分有关。

鹿在语言界的日子可不好过。它们的内脏被放进了馅饼里，它们的皮用来代替货币；剩下为数不多的部分中就有鹿角。正应了那句谚语：Waste not, want not（俭则不匮）。

鹿角可以制成非常漂亮的刀柄，而这刀子有很多用途。你可以用它来切鹿肉，或者用它来剥鹿皮（马上就能获得钱）。在扑克游戏中，你还可以用刀子来标记发牌人，就是把刀子插到发牌人面前的桌子上。

爱惜家具的人可不会经常这么干，但在蛮荒的西部地区，木制品很便宜，也就没什么顾虑了。Pass the buck这个说法最早出现在一个"边境恶棍"（border ruffian）在1856年堪萨斯保卫战时期的日记里。在靠近一个叫"巴克溪"（Buck Creek）的地方，他说："我们想起了在玩扑克牌时轮流做发牌人，把鹿角做的刀子互相传递时（pass the Buck）是多么快活。"

这有点儿奇怪，因为在玩扑克时，发牌人有一点儿小小的优势。然而，在西部的"边境恶棍"间，发牌人或许更容易被枪杀，因为如果有人怀疑打牌时有作弊行为，第一个被打死的肯定是发牌人。

因此，在20世纪40年代之前，鹿角手柄的刀子一直都在传递，直到最终停在俄克拉荷马州雷诺市的一个监狱中。监狱长决定所有的"责任"都由他一个人承担，也就是他来发牌，罪犯们接受了。因此,他在办公室里竖了一个牌子,上面写着"THE BUCKS STOPS HERE"[1]。

当然,责任也不是真的到此为止了。监狱长必须向州政府负责,州政府向联邦政府负责,联邦政府向总统负责,只有到总统那里,刀子才能最终地、毫无争议地停下。这一点杜鲁门总统的助手可清楚得很,他在参观这所监狱时看见了这个标牌。他非常喜欢,于是命人复制了一个,把它送给了杜鲁门总统,杜鲁门总统把它放在自己的办公室里,从此这句话成了名言。

所有带有buck的词都与鹿有关吗?几乎是。

Back to Howth Castle and Environs
回到霍斯城堡及其周围

因此,卑微的雄鹿(buck-deer)是所有buck词汇的来源,只有一个例外——buckwheat。Buckwheat看上去应该表示鹿吃的小麦,但实际上与鹿没有半点儿关系。

荞麦(buckwheat)的叶子看上去与山毛榉树(beech)的

---

[1] 刀子到此停止,可引申为"责无旁贷"的意思。——译者

叶子相似。德国人用buche表示beech，因此buckwheat实际上就是beechwheat。

山毛榉树（beech）对于古代的德国人非常重要。山毛榉树木材纹理深，耐碎裂(not splitty，这里使用的是木材行业的术语)，因此适合雕刻，古代德国人就是这么做的。Beech，或者buche，或古高地德语中所说的bok，都是书写文字的标准材料，即使在木材被新发明的羊皮纸取代之后，德国人仍然保留了原来的名字，英语也是如此。Bok后来变为boc，最终变成了book。

我写的就是这么一本书（book），英语语言的光怪陆离使得你可以对"书"做各种奇怪和出格的事。你可以烹制它（cook the books），或者把罪犯带到书面前（bring a criminal to book），如果他反抗，你就用书砸他（throw the book at）。你甚至可以从书中撕下一页（take a leaf out of it），虽然厕纸可没涨价。但有一件事你却永远也做不到，那就是不管怎么努力，你永远不能turn up for一本书。

因为"喜事从天降"（A Turn-up for the Books）。

（回到本书第一页）

Quizzes
小测试

在刘易斯·卡罗尔的小说《爱丽丝镜中奇遇记》(*Through the Looking Glass*, *and What Alice Found There*, 经常被错误地称作 *Alice Throught the Looking Glass*),矮胖子(Humpty Dumpty)告诉爱丽丝:"你有一项荣耀。"(There is a glory for you.)

"我不知道你所说的'荣耀'是什么意思。"爱丽丝说。

矮胖子轻蔑地笑了笑,"你当然不知道——这得我告诉你。我的意思是,你有一个无懈可击的论点!"

"但是,'荣耀'并不表示'无懈可击的论点'啊!"爱丽丝反驳道。

"当我用一个词的时候,"矮胖子说,语气更加轻蔑了,"我让它表示什么意思,它就表示什么意思——不多不少。"

"问题是,"爱丽丝说,"你能用一个词表示那么多不同的意思吗?"

然而,鉴于人类在这个悲伤的世界中最大的快乐莫过于纠正同伴的英语错误,并从中获得一点儿小小的心理优势,而且我也花了太长时间去查阅词典,因此,我列出了词典当中给出的以下常见英语词的含义:

Burgeon—To bud(发芽)

Blueprint—The absolutely final plans that are sent to the factory(送往工厂的平面图定稿)

Backlash—The small period of inactivity when a system of cogs is reversed(齿轮装反后不动的瞬间)

Celibate—Unmarried(未婚者)

Compendium—Brief summary(摘要)

Condone—Forgive(原谅)

Coruscate—To glow intermittently(间歇地发亮)

Decimate—To reduce by 10 per cent(减少百分之十)

Enormity—Crime(犯罪)

Effete—Exhausted（衰竭的，令人讨厌的）

Fulsome—Over the top（过分的）

Jejune—Unsatisfying（让人不满的）

Noisome—Annoying（令人讨厌的）

Nauseous—Causing nausea（让人呕吐的）

Pleasantry—Joke（玩笑）

Pristine—Unchanged（不变的）

Refute—To utterly disprove（完全不赞同）

Restive—Refusing to move（拒绝移动）

Scurrilous—Obscene（淫秽的）

Swathe—The area of grass cut with one stroke of a scythe（用大镰刀在草地上割一下留下的痕迹）

从我们之前的语言漫步中你已经了解到，一个词的来龙去脉几乎是很难猜测的。因此我在这里出了一些测试题难为大家一下，你需要来猜出这个词从哪里来，或者又将到哪里去。

我们先从一些著名人物的名字开始。只是我先不说他们的名字，只告诉你名字的词源意义。比如，如果我写下来的是God of war and man of peace，答案就是Mark Forstyth，因为Mark源自Mars，罗马战神，而Forsyth是盖尔语，表示man of peace。明白了吗？好，我们现在开始。（答案在后面）

近百年来的政治家

1. Blessed, handsome and crooked（美国总统）

2. Courageous cabbage（欧洲政治家）

3. Noble wolf who lives in a hut（第二次世界大战时期的人物）

4. God loved the ugly-face（美国总统）

5. Blessed one from Mosul（第二次世界大战时期的人物）

音乐

1. God loves a mud-caked, travelling wolf（作曲家；提示：狼）

2. My little French lady（女明星；提示：my lady）

3. Loud war in the vegetable garden（作曲家；提示：反正他也听不到）

4. Tattooed javelin-thrower（女明星；提示：表示 javelins 的另一个词）

5. The dwarf in the priest's garden（男摇滚明星；提示：中间名为 Aaron）

明星

1. Victorious goatherd（女演员；提示：baby goat）

2. Christmas councillor（女演员；提示：名字古怪，因为她是以色列人）

3. Cruel twin（男演员；提示：一种导弹）

4. The moon at the ford of blood（超模；提示：-ford）

5. He who listens among the cows（电视明星；提示：cow-）

作家

1. Little Richard's husband（19世纪的小说家）

2. Good Christian（20世纪的小说家）

3. Virile wonder（17世纪的诗人）

4. Pants-maker in a peaceful land（14世纪的诗人）

5. Tiny foreign snake（20世纪的小说家）

答案如下：

近百年来的政治家

1. Blessed, handsome and crooked = Barack Hussein Obama（贝拉克·侯赛因·奥巴马）

Barack是斯瓦希里语，表示受佑护的（blessed），Hussein是阿拉伯语，表示英俊潇洒（handsome），Obama是卢奥语，表示狡诈的（crooked）。

2. Courageous cabbage = Helmut Kohl（赫尔穆特·科尔）

没有人确切知道hel表示什么，但mut表示的肯定是勇敢（brave），kohl表示cabbage。

3. Noble wolf who lives in a hut = Adolf Hitler（阿道夫·希特勒）

Adolf就是edel wolf，意为noble wolf（高贵的狼），大家都知道，hitler就是指一个住在小屋（hut）里面的人。

4. God loved the ugly-face = JFK（约翰·菲茨杰拉德·肯尼迪）

John来自拉丁语中的Johannes，Johannes又源自希伯来语中的y'hohanan，表示耶和华所喜爱的（Jahweh has favoured）。Kennedy来自爱尔兰语中的O Cinnéide，表示丑陋的头（ugly head）。

5. Blessed one from Mosul = Benito Mussolini（贝尼托·墨

索里尼）

Benito表示受庇佑的（blessed），Mussolini表示棉布（muslin），或许因为他的祖先曾经是经营棉布生意的。然而，muslin在意大利语中就是mussolina，这个名字来自伊拉克的北部城市摩苏尔（Mosul），被认为是制造棉布的地方。

音乐人

1. God loves a mud-caked, travelling wolf = Wolfgang Amadeus Mozart（沃尔夫冈·阿玛多伊斯·莫扎特）

Wolf gang是德语词，表示a travelling wolf，Amadeus是拉丁语，表示被上帝所爱——loved（ama）by god（deus），Mozart来自德国一个古老部落语中的motzen，意为"在泥坑里打滚"（roll about in the mud）。它最初是对不讲卫生人的侮辱性称呼。

2. My little French lady = Madonna Ciccone（麦当娜·西科尼）

Ma donna是意大利语，表示my lady。Ciccone是Cicco的扩大语；而Cicco是Francesco的小词。因此它的意思就是little Francis，而Francis就是French。

3. Loud war in the vegetable garden = Ludwig van Beethoven（路德维希·凡·贝多芬）

Lud 表示 loud，wig 表示 war，a beet hoven 指的是种植甜菜（beet）的园子（garden）。

4. Tattooed javelin-thrower = Britney Spears（布兰妮·斯皮尔斯）

Britney 是一个姓氏，表示英国的（British）。Britain 源自 prittanoi，意思是文身的人（tattooed people）。Spears 是 spearman 的简写。

5. The dwarf in the priest's garden = Elvis Presley（埃尔维斯·普雷斯利）

就目前所知，Elvis 来自 Alvis，是北欧海盗神话中德小矮人（a dwarf）。Presley 是 Priestly 的一个变体，表示住在牧师（priest）土地上的人。

明星

1. Victorious goatherd = Nicole Kidman（妮可·基德曼）
Nicole 是 Nicholas 的阴性形式。Nicholas 来自希腊语中的

nike laos。Nike表示victory[1]，laos指人们，kidman的意思是一个看上去像小山羊（kid goats）的男人。

2. Christmas councillor = Natalie Portman（娜塔莉·波特曼）

Natalie与natal有关，源自耶稣诞生日，即dies natalis。A portmann在古英语中表示被选出来管理一个区（borough）的事务的市民。

3. Cruel twin = Tom Cruise（汤姆·克鲁斯）

Thomas来自闪族语中的toma，表示twin，Cruise来自中世纪英语中的crus，表示凶猛（fierce）或残酷（cruel）。

4. The moon at the ford of blood = Cindy Crawford（辛迪·克劳馥）

Cindy是Cynthia的一个变体，是月亮女神阿尔特弥斯的一个绰号，表示moon。Craw或者cru是盖尔特语，表示blood，ford就是ford。

---

[1] 即希腊神话中的胜利女神尼克。——编者

5. He who listens among the cows = Simon Cowell（西蒙·考威尔）

Simon经常与一个相同的古希腊名字Simon混淆，这也情有可原，古希腊语的simon表示塌鼻子（如simian）。然而，我们基督教的Simon却来自一个不同的词根：Symeon，后者来自圣经，希伯来语中的shim'on，表示倾听（listening）。Cowell就是cowfield。

作家

1. Little Richard's husband = Charles Dickens（查尔斯·狄更斯）

Charles来自德语karl，表示男人（man）或丈夫（husband）。Dickens是Dick的小词，Dick又是Richard的简称。

2. Good Christian = Agatha Christie（阿加莎·克里斯蒂）
Agathos是古希腊语，表示good。Christie意思就是Christian。

3. Virile wonder = Andrew Marvell（安德鲁·马维尔）
Andreios是古希腊语，表示manly。Marvell表示marvel。

4. Pants-maker in a peaceful land=Geoffrey Chaucer（杰弗里·乔叟）

Geoffrey来自拉丁语Gaufridus，Gaufridu又来自古德语gewi，表示土地（land），fridu表示"和平的"（peaceful）。Chaucer来自古法语chaucier，意思是制作chausses的人，chausses指的是所有能穿在下半身的衣服。

5. Tiny foreign snake = Evelyn Waugh（伊夫林·沃）

Evelyn是Eve的双重小词，因此就是tiny Eve。在圣经中，Eve-hawah据说来自希伯来语havah，表示she who lived；然而，这看上去有点儿像通俗变化语，而且这个词疑似haya，haya是阿拉姆语，表示毒蛇（serpent）。Waugh可能来自wahl，这是一个古英语词，表示外国人（foreigner）。

接下来，我们到世界各国的首都做一次简短旅行。你能从它们的最初意义猜测出它们的现代名称吗？比如，如果我说Place of the Bad Smell，你肯定马上明白我指的是Objibwa Shika Konk，也就是我们现在的芝加哥（Chicago）。为了方便你猜，我只出各国首都。

欧洲

Merchant harbour

Place by an unfordable river

Wisdom

Smoky bay

Black pool

非洲

Three cities

Victorious

New flower

The place of cool waters

End of an elephant's trunk

亚洲

Muddy confluence

Modern

Garden

Anchor

Father of a gazelle

美洲

Good winds

I saw a mountain

Peace

Place of many fish

Traders

答案如下：

欧洲

Merchant harbour——Copenhagen（哥本哈根）

Place by an unfordable river——London（伦敦）

Wisdom——Sofia（索菲亚）[尽管雅典是以智慧女神雅典娜（Athena）的名字命名的，但还是要给自己一点儿鼓励[1]]

Smoky bay——Reykjavik（雷克雅未克）

Black pool——Dublin（都柏林）

---

1 索菲亚（Sophia）一词本身有"智慧"的意思，但与"女神"无关。希腊以智慧女神雅典娜的名字命名，而没有以"索菲亚"命名。——编者

非洲

Three cities——Tripoli（的黎波里）

Victorious——Cairo（开罗）

New flower——Addis Ababa（亚的斯亚贝巴）

The place of cool waters——Nairobi（内毕罗）

End of an elephant's trunk——Khartoum（喀土穆）

亚洲

Muddy confluence——Kuala Lumpur（吉隆坡）

Modern——Tehran（德黑兰）

Garden——Riyadh（利雅得）

Anchor——Ankara（安卡拉）

Father of a gazelle——Abu Dhabi（阿布扎比）

美洲

Good winds——Buenos Aires（布宜诺斯艾利斯）

I saw a mountain——Montevideo（蒙得维的亚）

Peace——La Paz（拉巴斯）

Place of many fish——Panama（巴拿马）

Traders——Ottawa（渥太华）

对伦敦比较熟悉的读者，你能根据下面的提示猜出地铁站名吗？

Forge

Horse pond

Beer gate

Lace collar

Skin farm

Road to Ecgi's weir

Padda's farm

Dominican monks

Stream in a sacred wood

Sacred place that welcomes strangers

答案如下：

Forge——Hammersmith（哈默史密斯）

Horse pond——Bayswater（贝斯沃特）

Beer gate——Aldgate（ale gate，阿尔德盖特）

Lace collar——Piccadilly（皮卡迪利大街）

Skin farm——Hyde Park（海德公园）

Road to Ecgi's weir——Edgware Road（艾德瓦尔路）

Padda's farm——Paddington（帕丁顿）

Dominican monks——Blackfriars（黑衣修士）

Stream in a sacred wood——Waterloo（滑铁卢）

Sacred place that welcomes strangers——Walthamstow（沃尔瑟姆斯托）

最后，我们做一些选择题。请选出下列词真正的来源。

Clue

a) A ball of yarn   b) A skeleton key   c) A love letter

Karaoke

a) Japanese for singing under water   b) Japanese for howling   c) Japanese for empty orchestra

Slogan

a) An Algonquian prayer   b) A Celtic war-cry   c) Russian for repetition

Boudoir

a) French for sulking room   b) French for gun room

c) French for Peeping Tom

Grocer

a) One who buys in gross   b) One who grows his own

c) One who is grossly fat

Hotbed

a) A medieval form of torture   b) A Victorian medical treatment   c) A covered flowerbed

Bollard

a) Tree trunk   b) Cricket ball   c) Dr Cornelius Bollard

Kiosk

a) Aztec word for umbrella   b) Turkish word for palace

c) Burmese word for hut

Quarantine

a) Forty days   b) Asking time   c) Pseudo-prison

Bigot

a) Old English for By God   b) Old French for thorn

c) Old German for stone wall

Thesaurus

a) A riddling lizard from Greek mythology

b) A treasure chest   c) The book of Theseus

Beetle

a) Little biter   b) Little bean   c) Little bee

Aardvark

a) Swahili for grandmother   b) Dutch for earth pig

c) Croatian for Jesus

Pundit

a) Hindi for wise man   b) Irish for counsellor

c）Eskimo god of riddles

Winging it

a）Flying when the engine has failed

b）Eating only the chicken wings（and not the breast）

c）An actor learning his lines in the wings

Quiz

a）Latin for who is?　b）Hindi for unclaimed property

c）Chinese for escape

答案如下：

Clue

a）A ball of yarn

Karaoke

c）Japanese for empty orchestra

Slogan

b) A Celtic war-cry

Boudoir

a) French for sulking room

Grocer

a) One who buys in gross

Hotbed

c) A covered flowerbed

Bollard

a) Tree trunk

Kiosk

b) Turkish word for palace

Quarantine

a) Forty days

Bigot

a) Old English for By God

Thesaurus

b) A treasure chest

Beetle

a) Little biter

Aardvark

b) Dutch for earth pig

Pundit

a) Hindi for wise man

Winging it

c) An actor learning his lines in the wings

Quiz

a) Latin for who is?

The Cream of the Sources
参考文献

这样一本书至少需要它两倍的参考书目；为了节省纸张，我们就不写了。

但你放心，书中所写都是经过考证的，主要求证于以下文献：

The Oxford English Dictionary

《牛津英语词典》

The Oxford Dictionary of Place Names

《牛津英语地名词典》

The Oxford Dictionary of English Surnames

《牛津英语姓氏词典》（Reany & Wilson 出版社出版）

The Dictionary of Idioms

《英语成语词典》作者：Linda and Roger Flavell

The Dictionary of National Biography

《国家人物传记大辞典》

Brewer's Dictionary of Phrase and Fable

《布鲁尔成语与寓言词典》

在线资源有：

The Online Etymology Dictionary

Phrases.org.uk

以及（非常慎重地）：

我们的老朋友，亲爱的维基百科

然而，这些文献在很多地方各执一词。一般情况下，我没有把它们持有的观点以及辩驳一一列举，而是选出我认为最可靠的说法详加叙述。

其他条件相同的情况下，我是按照上述文献的顺序排列信任等级的。不过，如果有好的引证出现，我也随时准备好倒戈。

偶尔，我给出的引证你在任何参考文献中都找不到，因为是我自个儿找到的。有学者可能怀疑我生编硬造，为消除其疑虑，我还是给出它们的来源吧：

Draw a blank: *The History of Great Britain*, Arthur Wilson（1643）

Blank cheque: *An Inquiry into the Various Systems of Political Economy*, Charles Ganilh（1812）

Talk cold turkey: *One of Three*, Clifford Raymond（1919）

Crap 和 Number one: *Poems in Two Volumes*, J. Churchill Esq.（1801）

Dr Placebo: *Bath Memoirs*, Robert Pierce（1697）, quoted in *Attempts to Revive Antient Medical Doctrines*, Alexander Sutherland（1763）and elsewhere

Pass the buck: *The Conquest of Kansas*, William Phillips（1856）

＊在此向作者表达钦佩之情（感谢他为我们奉上了这样一部笑点和知识点一样丰富的优秀作品），同时，也向读者表示歉意：译者与编者尽可能地处理了在翻译与编校过程中遇到的难点和疑惑，如有纰漏，实属我们知识储备不足，没能传达出原书的精妙之处，望读者朋友们指正。